Leibgerichte

5-Minuten-Vorlesegeschichten
für Menschen mit Demenz

Birgit Ebbert

Verlag an der Ruhr

Impressum

Titel
5-Minuten-Vorlesegeschichten für Menschen mit Demenz
Leibgerichte

Autorin
Dr. Birgit Ebbert

Titelbildmotiv
© alain wacquier – Fotolia.com

Verlag an der Ruhr
Mülheim an der Ruhr
www.verlagruhr.de

Ein Hinweis für die Vorlesenden:
Seien Sie umsichtig im Umgang mit Demenzkranken, denn viele Betroffene reagieren beim Lesen des Wortes „Demenz" sehr empfindlich. Im Einzelfall kann es daher sinnvoll sein, das Wort Demenz im Titel des Covers abzukleben, oder Sie verwenden beim Vorlesen eine Schutzhülle als Buchumschlag.

Unser Beitrag zum Umweltschutz:
Wir sind seit 2008 ein ÖKOPROFIT®-Betrieb und setzen uns damit aktiv für den Umweltschutz ein. Das ÖKOPROFIT®-Projekt unterstützt Betriebe dabei, die Umwelt durch nachhaltiges Wirtschaften zu entlasten.
Unsere Produkte sind grundsätzlich auf chlorfrei gebleichtes und nach Umweltschutzstandards zertifiziertes Papier gedruckt.

ISBN 978-3-8346-2790-2
Printed in Germany

Inhalt

Inhalt

Süßspeisen

Besondere Gelegenheiten

Vorwort

Liebe Vorlesende,
liebe Zuhörende,

mein Name ist Birgit Ebbert. Seit meiner Kindheit erfinde und schreibe ich Geschichten. Ich wollte immer Schriftstellerin werden und nichts anderes tun, als Geschichten zu schreiben. Ich mochte es, wenn meine Mutter mir Bücher vorlas und mein Vater Erlebnisse aus seiner Kindheit schilderte.

Viele der Anekdoten meiner Eltern, Tanten, Onkel, aber auch wildfremder Menschen sind in die Geschichten dieses Buches eingeflossen. Und ich freue mich, dass ich auf diese Weise das eine oder andere Erlebnis erhalten kann.

Für mich sind Geschichten immer auch Geschichte. Ich finde es wichtig, dass sie bewahrt werden, damit in vielen Jahren oder Jahrhunderten die Menschen erfahren, wie ihre Vorfahren gelebt haben.

In diesem Sinne wünsche ich Ihnen viel Freude an den Geschichten und den Erinnerungen an Ihre Leibgerichte.

Herzlichst
Ihre Birgit Ebbert

Über die Reihe

Lesen ist eine der schönsten und zeitlosesten Freizeitbeschäftigungen für Jung und Alt. In Erzählungen abtauchen, sich in andere Personen hineinversetzen, via Fantasie Zeitreisen unternehmen … Lesen bietet die Möglichkeit, dem Alltag zu entfliehen und ihn gleichzeitig zu verarbeiten. Wem das Lesen jedoch Mühe bereitet, der kann Lesevergnügen auch über das Vorlesen erleben.

Die Reihe **„5-Minuten-Vorlesegeschichten für Menschen mit Demenz“** berücksichtigt die Einschränkungen von Demenzkranken mit kurzen, pointierten und einfachen Geschichten, die an das Alltagserleben anknüpfen. Mal humoristisch, mal nachdenklich oder auch religiös-besinnlich – je nach Anlass und Situation können Sie die passende Geschichte auswählen und die Zuhörer zum Gedankenaustausch anregen. Die entsprechenden Anschlussfragen zu jeder Geschichte bieten die dazu nötigen Anknüpfungspunkte – für ein abwechslungsreiches (Vor-)Lesevergnügen!

Schnuppertag

Schon seit Wochen war Hans nervös. Seine Eltern hatten Ilses Eltern zum Sonntagsessen eingeladen.

„Man muss doch wissen, mit wem man es zu tun bekommt“, hatte seine Mutter verkündet und kurzerhand hinter seinem Rücken einen Termin abgestimmt.

Hans wusste, dass Ilse ebenso aufgeregt war. Beide wollten, dass ihre Eltern gut miteinander zurechtkamen.

Bei jedem Treffen beratschlagten sie, was ihre Eltern am besten anziehen, sagen und vor allem mitbringen sollten.

Am Sonntag nach dem Gottesdienst machten sich Ilse und ihre Eltern auf den Weg.

„Guten Tag, wie schön, dass wir uns endlich einmal kennenlernen!“, empfing Hans’ Vater sie an der Haustür.

Er klopfte Ilses Vater auf die Schulter und schien sich wirklich zu freuen.

Im Hausflur kam ihnen Hans’ Mutter entgegen. Sie wischte sich die Hände an einem Tuch ab und reichte ihnen den Ellenbogen.

„Meine Hände sind noch nass“, entschuldigte sie sich und hinterließ dennoch bei Ilse ein ungutes Gefühl. Hoffentlich würde das gut gehen. Zwist unter den Schwiegereltern war nicht der beste Start für eine Ehe.

„Setzen Sie sich doch schon“, bat Hans’ Mutter und gab ihrem Mann mit dem Kopf ein Zeichen, dass er die Gäste in die Stube führen sollte.

„Das ist aber schön!“, rief Ilses Mutter, als sie den Tisch sah. Ilse gefielen die Teller mit dem Goldrand, der goldene

Kerzenleuchter und die kunstvoll gefalteten Servietten ebenfalls.

Mit dem Ruf: „Vorsicht, heiß und fettig!“ trieb Hans' Mutter sie auf die Plätze. Sie stellte eine Suppenterrine mit Goldrand, passend zu den Tellern, mitten auf den Tisch.

„Ich dachte, eine Hühnersuppe zum Auftakt kann nicht schaden.“

Ilse und Hans zwinkerten sich über ihre Teller hinweg zu.

Da sprach Ilses Mutter es auch schon aus: „Genau das sage ich auch immer.“

Das hatten sie gut eingefädelt.

Ilses Eltern sparten nicht mit Lob über die Suppe und das junge Paar entspannte sich ein wenig.

„Dann hole ich mal die Rouladen“, verkündete Hans' Mutter, als alle Löffel neben den leeren Suppentellern lagen.

Hastig sprang Ilse auf, um die Teller einzusammeln und ihre zukünftige Schwiegermutter in die Küche zu begleiten.

„Das wäre doch nicht nötig gewesen“, meinte Hans' Mutter. Doch ihr zufriedenes Lächeln verriet, dass sie Ilses Hilfe sehr wohl für nötig hielt.

„Du kannst schon die Schüssel mit den Kartoffeln mitnehmen", erklärte sie Ilse und streute noch rasch gehackte Petersilie über die Salzkartoffeln. „Ach, und hier die Soße." Sie goss die Soße aus dem Topf in eine Sauciere mit Goldrand.

Ilse balancierte beides sicher an den Tisch.

„Das duftet ja schon gut", ließ Ilses Vater verlauten, nachdem er an der Sauciere geschnuppert hatte. „Wie bei Muttern!" Er sah seine Frau von der Seite an.

„Stimmt, genau wie bei mir", pflichtete sie ihm bei.

Hans und Ilse zwinkerten einander zu. Ihre Sorgen schienen völlig unbegründet. Ihre Eltern verstanden sich prima, da konnte einem rauschenden Hochzeitsfest nichts im Wege stehen.

„Und hier sind die Rouladen!" Hans' Mutter stellte eine Goldrandplatte mit sechs Rouladen auf den Tisch.

Ilse sah, wie ihre Mutter das Gesicht verzog. Sie stieß Hans unter dem Tisch mit dem Fuß an und deutete mit dem Kopf auf ihre Mutter.

Da hob Ilses Mutter bereits an: „Also, ich benutze für die Rouladen immer Rouladen-Spieße! Das ist einfach besser als Bindfäden. Wer weiß, wer die Bindfäden schon in der Hand hatte!"

Hans und Ilse starrten gleichzeitig auf die Rouladen, die fest mit einem Bindfaden umwickelt waren.

Ilses Blick wanderte zu Hans' Mutter. Was würde sie zu dieser offenen Kritik an ihren Kochkünsten sagen? Und wie konnte ihre Mutter sich so danebenbenehmen?

Auch Hans wusste nicht, was er sagen sollte. Die zusammengekniffenen Lippen seiner Mutter verhießen nichts Gutes.

Ehe Hans' Mutter den Mund öffnen und etwas entgegnen konnte, mischte Ilses Vater sich ein.

„Siehst du, Erna", sagte er zu Ilses Mutter gewandt. „Ich habe immer gesagt, die aus dem Nachbarort sind ein anderer Menschenschlag. Die schaffen es sogar, den gleichen Rouladen-Duft auf andere Weise zu erzeugen."

Dabei schnitt er ein Stück von der Roulade ab, die ihm Hans' Mutter auf den Teller gelegt hatte.

Nach einer kleinen Pause meinte er: „Und sie duftet nicht nur wie bei dir, sie schmeckt auch so. Überhaupt nicht nach Bindfaden!"

Hans, Ilse und die beiden Väter lachten befreit.

Ilse gab ihrer Mutter einen Stoß mit dem Ellenbogen, bis sie zu Hans' Mutter sagte: „Na, Sie können ja nichts dafür, wenn man Ihnen das falsch beigebracht hat."

Ilse verdrehte die Augen und Hans' Vater lachte.

„Ja, ein Rouladen-Rezept ist kein Vaterunser. Da darf man auch mal etwas anders machen. Ich finde, die Rouladen schmecken großartig."

Schließlich lenkte Ilses Mutter ein: „Die sind wirklich gut gelungen und solch einen wunderbaren Rotkohl habe ich noch nie gegessen."

Endlich konnten Hans und Ilse entspannt essen. Mit einem Grinsen hörte Hans, wie sich ihre Mütter darin einig waren, dass Rouladen ohne Rotkohl überhaupt nicht denkbar und Klöße als Beilage eine neumodische Unsitte waren.

Eines war klar, die beiden würden immer ein Gesprächsthema haben und wenn die Eltern sie später einmal besuchen würden, gäbe es ganz sicher keine Rouladen.

Lassen Sie erzählen:

* Hand aufs Herz: Bindfaden oder Rouladen-Spieße – wie bereiten Sie Rouladen zu?

* Und womit sind Ihre Lieblingsrouladen gefüllt?
  - Nur mit Zwiebeln?
  - Oder mit Gurken?
  - Vielleicht auch mit Speck?

* Zu welchen Anlässen wurden in Ihrer Familie Rouladen gegessen?

* Haben Sie etwas Ähnliches erlebt wie Ilse und Hans? Wie war das erste Zusammentreffen Ihrer Eltern mit den Eltern Ihres Partners?

* Welcher Nachtisch gehört für Sie zu einer besonderen Mahlzeit?

* Wie haben Sie den Tisch für besondere Gäste gedeckt?

Manchmal kommt es anders, als man denkt

„Heute gibt es Kartoffelbrei, Sefa!" Wenn meine Mutter diesen Satz morgens beim Abschied sagte, war der Tag gerettet. Die zwei Kilometer, die meine vier Geschwister und ich zur Schule gehen mussten, schienen viel kürzer. Der Unterricht beim strengen Lehrer Winterbach verging doppelt so schnell wie sonst.

Den ganzen Weg über malten wir uns den milchigen Brei aus. Zusammen mit den Fäden des Sauerkrauts und den knusprigen Röstzwiebeln ergab der Brei das leckerste Essen der Welt. Auf die Schweinshaxe oder die Leber, die es in anderen Familien zum Kartoffelbrei gab, konnte ich gut verzichten. Nur auf die Röstzwiebeln nicht. Sobald wir am Tisch saßen, hatte ich Sorge, dass ich keine abbekam.

Wir waren eine große Familie. Der Größe nach durfte sich jeder aus der Schüssel bedienen. Ich war die Kleinste.

Mehr als einmal musste ich erleben, dass die Schüssel leer war, wenn ich an der Reihe war. Ich konnte froh sein, wenn für mich noch ein paar Krümel vom Rand übrig blieben.

Nur an meinem Geburtstag war das anders. Da durfte ich mich als Erste bedienen.

Unter den strengen Augen meines Vaters wagte ich nicht, einen zweiten Löffel Kartoffelbrei zu nehmen. Aber ich wusste, dass ich Kartoffelbrei mit Sauerkraut und meine heiß geliebten Röstzwiebeln bekommen würde.

An meinem achten Geburtstag musste ich darum bangen, mich als Erste aus den Töpfen bedienen zu können.

Dabei wollte ich in der Schule nur meiner besten Freundin Anneliese von dem Kartoffelbrei erzählen.

„Josefa!“, unterbrach Herr Winterbach mein Flüstern. „Komm nach vorn!“

Mit gesenktem Kopf ging ich an die Tafel. Ich ahnte, was mich erwartete.

Herr Winterbach wippte mit dem Stöckchen, mit dem er manchmal auf den Tisch schlug, um uns zur Ruhe zu ermahnen.

„Wie lautet die oberste Regel im Schulunterricht?“, empfing mich der Lehrer neben seinem Pult. Er sah mich über den Rand seiner Brille ernst an.

„Ich, ich, ich darf nur sprechen, wenn der Lehrer es sagt“, stotterte ich und wurde abwechselnd rot und blass. Wieso musste mir das ausgerechnet an meinem Geburtstag passieren? Sonst sagte ich nie etwas im Unterricht.

Anneliese und die anderen Mitschüler saßen stumm in den Bänken. Nicht einmal Bruno feixte. Dabei ließ er sonst keine Gelegenheit aus, um über uns Mädchen zu lästern. Alle wussten, dass ich heute Geburtstag hatte. In der ersten Stunde hatte die ganze Klasse für mich gesungen.

Herr Winterbach wartete eine Weile, bis er sprach. „Du hast Glück, dass du heute Geburtstag hast“, sagte er langsam. „Du weißt, wie die Strafe für unerlaubtes Sprechen im Unterricht lautet.“

Ich nickte und wagte nicht, ihn dabei anzusehen. Ein Schlag auf jede Hand. Zwei Schläge, wenn eine der Hände schwarze Ränder unter den Fingernägeln aufwies. Rasch sah ich auf meine Hände. Kein schwarzer Rand zu sehen.

„Weil du Geburtstag hast, bekommst du heute keine Schläge. Stattdessen trägst du mir nach der Schule die Tasche nach Hause“, erklärte Herr Winterbach.

Fassungslos starrte ich ihn an. Wusste er denn nicht, was das bedeutete? Wenn wir nach Hause kamen, stand das Essen auf dem Tisch. Es wurde sofort gegessen, weil der Vater wieder in die Werkstatt musste. Wenn ich zu spät kam, würde nichts mehr in den Töpfen sein.

„Bitte, können Sie mich nicht doch schlagen?“, bat ich vorsichtig.

Herr Winterbach sah mich überrascht an.

„Es gibt nämlich heute mein Lieblingsessen“, sagte ich schnell in der Hoffnung, ihn umzustimmen.

Es sah aus, als lächelte er kurz, doch dann schüttelte er den Kopf. „Das geht nicht. Wenn ich dir das durchgehen lasse, ist das ungerecht. Wir lassen es so, wie ich es angeordnet habe."

Niedergeschlagen ging ich zurück zu meiner Bank. Tränen liefen mir über die Wangen.

Herr Winterbach fuhr mit seinem Unterricht fort.

Am Ende der letzten Stunde packte er seine Bücher ein. Während alle anderen Kinder nach Hause liefen, schlich ich hinter Herrn Winterbach her. Die Tasche unter dem Arm, den Blick auf den Boden geheftet.

Meine Geschwister winkten mir zu.

„Mach schnell. Wir bewahren dir etwas auf!", riefen sie.

Was würde das sein? Ein Klecks Kartoffelbrei, zwei Fäden Sauerkraut, drei Bröckchen Röstzwiebeln?

Am liebsten wäre ich gar nicht nach Hause gegangen. Ich konnte mich nicht einmal freuen, als Herr Winterbach mir zum Geburtstag einen Apfel schenkte. Äpfel waren eben nur mein Zweitlieblingsessen.

Auf dem Heimweg malte ich mir in düsteren Farben aus, was für mich übrig war. Ob es überhaupt noch etwas von der leckeren Speise gab?

Schon von Weitem sah ich meine Schwester auf dem Weg vor dem Haus. Ich wunderte mich, hatten sie ohne mich so schnell gegessen?

Kaum entdeckte sie mich, rief sie: „Sefa kommt!"

Wie ein Echo hörte ich ein weiteres „Sefa kommt!" aus dem Haus.

„Schneller", trieb mich meine Schwester aus der Ferne an.

Warum sollte ich schneller laufen? Um die Reste zu essen?

„Nun mach schon!", herrschte sie mich an, als ich endlich vor ihr stand. „Wir warten auf dich!"

Hatte ich richtig gehört? Hatten sie wirklich mit dem Essen auf mich gewartet?

Als ich die Küche betrat, saßen alle um den Tisch herum. Großvater, Vater, meine Geschwister. Meine Mutter stellte soeben den Topf mit dem Kartoffelbrei in die Mitte. Die gestampften und mit Milch verrührten Kartoffeln dampften noch.

„Alles Gute zum Geburtstag!", sagte meine Mutter und schob mir als Erste den Topf hin.

Ich weiß nicht mehr, ob ich außer dem Apfel von Herrn Winterbach noch ein Geschenk bekommen habe. Das größte Geschenk war für mich: Kartoffelbrei mit Sauerkraut und Röstzwiebeln.

Lassen Sie erzählen:

* Welches war Ihr Leibgericht als Kind?
* Gab es in Ihrer Familie ein besonderes Geburtstagsessen oder durften Sie sich etwas wünschen? Was war das?
* Unter welcher Bezeichnung kennen Sie Kartoffelbrei?
  - Kartoffelpüree?
  - Stampfkartoffeln?
  - Kartoffelmus?
  - Erdäpfelpüree?
  - Stampf?
  - Stopfer?
  - Stambes?
  - Kartoffelschnee?
* Zu welcher Speise essen Sie Kartoffelpüree am liebsten?
* Welche Art der Zubereitung für Kartoffelbrei kennen Sie?

Päckchenkohl

Meine Lieblingsspeise waren schon immer Kohlrouladen. Die schmeckten nicht nur lecker, die sahen auch wunderschön aus. Mutter band um die Kohlblätter immer bunte Bindfäden.

„Päckchenkohl“ haben wir die Kohlrouladen genannt, weil sie aussahen wie kleine Geschenkpäckchen.

Dumm war nur, dass es Kohlrouladen nur im Herbst gab, wenn die Kohlköpfe reif für die Ernte waren.

Ich konnte den Tag kaum abwarten, an dem es hieß: „Heute wird der Kohl gepflückt." Ab Mitte August ging ich jeden Tag aufs Feld und überprüfte die Kohlblätter. Manchmal saß ich einfach nur da und stellte mir den Geschmack der noch ein bisschen knackigen Kohlblätter mit dem lecker gewürzten Hackfleisch vor.

Sobald ich sah, dass sich zwischen den Kohlblättern kleine Kugeln bildeten, begann ich, zu quengeln.

„Wann gibt es denn Kohlrouladen? Die Kohlköpfe sind schon reif."

Doch Mutter stellte sich stur. Ehe der Kohlkopf nicht wenigstens so groß war wie der Kopf unseres Babys, gab es keine Kohlrouladen. Was sollte ich tun?

Ich erkundigte mich vorsichtig bei meinen Freundinnen, ob ihre Mütter ebenso unerbittlich waren. Waren sie!

Ich weitete den Kreis der Befragten aus und stieß bei der Erntehelferin Olga vom Nachbarhof auf offene Ohren.

Ich verstand ihre Sprache nur schlecht. Aber sie nickte, als ich ihr erklärte, was ich suchte. Sofort lud sie mich ein, bei ihnen zu essen.

„Wie Mama?!", sagte Olga. Keine Rede davon, dass es noch zu früh und die Kohlköpfe zu klein seien. Sie versprach mir, dass ich am nächsten Abend *Sarmale* bekommen würde. *Sarmale* klang zwar nicht wirklich wie Kohlroulade, aber Olga kam aus einem anderen Land und das Wort hörte sich zumindest so ähnlich an wie Roulade.

Am nächsten Mittag gab es bei uns Graupensuppe, die ich ohnehin nicht ausstehen konnte.

Ich bot eilig an, die Suppe auf die Teller zu verteilen, als Mutter sich um das Baby kümmern musste. Die anderen bekamen einen großen Schlag voll. Auf meinem Teller hingegen schwamm nur eine kleine Pfütze.

Rasch legte ich den Löffel in die Pfütze, um Mutter glauben zu machen, ich hätte schon mit dem Essen begonnen.

Das brachte mir einen tadelnden Blick ein, weil ich scheinbar vor dem Tischgebet gegessen hatte. Aber das war es mir wert. Denn auf mich warteten am Abend ja die Kohlrouladen von Olga.

Als ich an die Hackfleischfüllung dachte, vergaß ich ganz, dass ich keine Graupensuppe mochte.

„Dir schmeckt es ja gut!“, unterbrach Mutter meine Gedanken. „Möchtest du noch etwas Suppe?“

Das hatte mir gerade noch gefehlt. Ich schüttelte den Kopf und ließ ein lautes „Nein, danke!“ vernehmen.

Nicht noch mehr von dem Zeug. Kaum war der letzte von uns mit dem Essen fertig, sprang ich auf und räumte den Tisch ab.

Den Nachmittag verbrachte ich damit, alle paar Minuten auf die Uhr zu schauen und mir Ausreden zu überlegen. Einfach so würde meine Mutter mich abends nicht auf den Nachbarhof gehen lassen.

Zum Glück erledigte sich das Problem von selbst.

„Du kannst zum Nachbarn gehen und Löwenzahn für die Hasen holen!", bat Vater mich, als er von der Arbeit heimkam. „Ich habe alles geklärt."

Das ließ ich mir nicht zweimal sagen. Vor allem musste ich verhindern, dass Mutter eines der anderen Kinder mitschickte.

Vater hatte das letzte Wort noch nicht ausgesprochen, da war ich schon aus dem Haus.

Summend hüpfte ich zum Nachbarhof. Die Sonne verschwand gerade hinter der Scheune.

Eigentlich mochte ich es nicht, abends allein unterwegs zu sein. Aber der Gedanke an die Kohlroulade ließ alles verblassen. Nicht mehr lange und ich würde wieder diese sanft-knackigen Blätter spüren. Ach, und das Hackfleisch.

Olga hatte den Tisch in ihrem Zimmerchen schon gedeckt, als ich kam. In ihrem gebrochenen Deutsch erklärte sie mir, dass sie den Kohl heimlich vom Feld geholt hatte.

Ich schnitt ein Stück von dem gewickelten Kohlblatt und schob es samt Füllung auf die Gabel. Mit geschlossenen Augen führte ich mein Lieblingsessen zum Mund.

„Iiiih! Was ist das denn?“, entfuhr es mir einen Moment später. Statt des würzigen, leicht süßlichen Hackfleischs machte sich ein bitterer, saurer Geschmack in meinem Mund breit. Ich schüttelte mich.

Olga sah mich entsetzt an.

„Was ist denn?“, wollte sie wissen und schob ebenfalls eine Gabel von ihrer Kohlroulade in den Mund. „Lecker!“, sagte sie und schloss die Augen.

Ich sah, wie ihr Gesicht vor Entzücken strahlte, während ich versuchte, den sauren Geschmack in meinem Mund mit den Kartoffeln zu vertreiben.

Ich betrachtete die Kohlroulade genauer. Keine Spur von Hackfleisch. Stattdessen hingen Fäden wie von Sauerkraut zwischen den äußeren Krautblättern hervor.

Olga sah mich an.

„Nix gut?“, fragte sie vorsichtig.

Was sollte ich da sagen?

Tapfer schnitt ich ein weiteres Stück von der Kohlroulade und schob es in den Mund.

Rasch aß ich ein Stück Kartoffel hinterher, das den bitteren Geschmack abmilderte.

So verzehrte ich unter Olgas wachsamen Augen die ganze Kohlroulade und schwor mir, nie wieder so vorwitzig eine Einladung zu meinem Lieblingsessen anzunehmen. Zumindest nicht, ohne mich vorher über die Rezepte auszutauschen.

Und genauso verfahre ich noch heute: Manche Erfahrung macht man gerne öfter, andere muss man nur einmal machen – wenn überhaupt.

Lassen Sie erzählen:

* Wie heißen Kohlrouladen in Ihrer Region?
  - Krautwickel?
  - Krautrouladen?
  - Krautwurst?
  - Kohlrolle?
  - Sarma? (wie in der Türkei)
  - Sarmale? (wie in Rumänien)
* Womit sind Ihre Lieblingskohlrouladen gefüllt?
  - Gehacktes?
  - Sauerkraut?
  - Getreide?
* Wann haben Sie zum ersten Mal Kohlrouladen gegessen?
* Welches besondere Erlebnis verbinden Sie mit Kohlrouladen?
* Haben Sie schon einmal Kohlrouladen zubereitet? Was war das größte Hindernis?

Reibekuchentag

Eigentlich arbeitete Margot gerne in der Küche der Familie Möllmann. Die Köchin gab ihr sogar manchmal die Reste mit nach Hause. Das war immer eine große Freude für ihre sieben Geschwister, die sonst selten Leckerbissen bekamen.

„Wann gibt es wieder Reibekuchen?“, fragten sie jeden Morgen.

Margot war die Einzige in der Familie, die Reibekuchen hasste. Am liebsten wäre sie gleich wieder umgekehrt, wenn es hieß: „Heute ist Reibekuchentag." Als sie noch zur Schule ging, hatte sie Reibekuchentage geliebt. Diese Mischung aus knusprig gebratenen Kartoffelfasern und Apfelmus. Einfach herrlich!

Und heute bekam sie eine Gänsehaut, wenn sie an Reibekuchen dachte. Sie musste bloß ihre Fingerkuppen betrachten.

Drei Wochen hatte das Pflaster sie beim Kochen gestört, und das nur, weil sie alles besonders gut machen wollte.

„Karfreitag gibt es bei den Möllmanns immer Reibekuchen", hatte die Köchin erklärt und Margot aufgefordert, die Kartoffeln zu schälen und zu reiben.

Kartoffeln schälen konnte Margot. Das hatte sie schon als Kind gelernt.

Vor dem Reiben der Kartoffeln hatte sie sich zu Hause erfolgreich gedrückt, weil ihre ältere Schwester Renate das für ihr Leben gerne tat.

Während Margot die Kartoffeln schälte, bereitete die Köchin das Apfelmus zu. Sie holte einige der Äpfel aus dem Keller, die dort überwinterten, schälte und kochte sie.

„Da ist die Reibe!" Die Köchin deutete mit dem Kinn auf das bedrohlich wirkende Ding, das an einem Nagel in der Wand hing. Als ob Margot das nicht gesehen hätte. Sie nahm die Reibe in die Hand und legte sie ungelenk vor sich auf die Ablage.

Entschlossen ergriff sie eine Kartoffel und schob sie über die Reibe. Das ging ja erstaunlich gut.

„Was machst du denn da?“, stoppte die Köchin ihren Eifer.

„Ich reibe die Kartoffeln“, erklärte Margot und raspelte die dicke Kartoffel weiter.

„Guck dir die Sauerei an!“, schimpfte die Köchin. Sie riss Margots Hand hoch und wies auf die Anrichte.

Dort breiteten sich Kartoffelfasern und die Flüssigkeit unter der Kartoffelreibe aus.

„Du musst in eine Schüssel reiben, du Dummkopf!“, zeterte die Köchin weiter.

Margot senkte den Kopf. Daran hätte sie denken müssen. Sie ärgerte sich über sich selbst und holte rasch eine Schüssel.

Mit spitzen Fingern hob die Köchin einige Kartoffelfasern von der Ablage und gab sie in die Schüssel. „Den Rest kriegen die Schweine“, erklärte sie.

Margot wagte nicht, zu widersprechen. Die Platte war sauber. Aber sie tat, was die Köchin verlangte.

Dann legte sie die Kartoffelreibe auf die Schüssel. Es machte keinen Spaß mehr, zu reiben. Ständig verrutschte die Reibe.

„Herr im Himmel, wieso musstest du mir eine solch dumme Göre schicken!", hörte sie die Stimme der Köchin neben sich. „Hast du denn noch nie Kartoffeln gerieben?", wollte sie von Margot wissen.

Die schüttelte den Kopf.

Die Köchin schüttelte ebenfalls den Kopf über so viel Unkenntnis.

„So geht das!"

Sie legte die Fußstützen der Reibe in die Schüssel und hielt den Griff fest. Dann rieb sie in einem atemberaubenden Tempo die Kartoffel über die kleinen Spitzen.

„Sieh zu, dass du fertig wirst", forderte sie Margot auf und wandte sich wieder dem Apfelmus zu.

Margot nahm eine Kartoffel. Sie schob sie zuerst langsam, dann immer schneller über die Reibe.

Das geht ja prima, dachte sie.

Im selben Moment spürte sie den Schmerz.

„Aua!", schrie sie und ließ den Kartoffelrest fallen. Sie betrachtete ihre Fingerspitzen. Aus vielen kleinen Wunden quoll Blut hervor.

„Oh nein!", rief die Köchin, als sie das Blut auf der Arbeitsfläche sah.

Margot zog den Kopf ein, um der Standpauke zu entgehen.

Doch die Köchin nickte nur mitleidig. „Das haben wir alle schon einmal erlebt", sagte sie. „Ich hätte dich warnen sollen."

Sie holte die dicke Rolle Heftpflaster, schnitt für jeden Finger einen Streifen ab und verband die Wunden.

„Ein Gutes hat das Ganze", meinte die Köchin. „Jetzt kannst du dir die Finger nicht mehr aufritzen."

Seitdem hasste Margot Reibekuchentage. Doch wenn sie abends in ihrem Bett lag, dann stellte sie sich vor, wie die knusprigen Fasern der Kartoffeln sich mit dem süßen Apfelmus verbanden, und sie fragte sich, warum noch niemand eine Kartoffelreibemaschine erfunden hatte.

Lassen Sie erzählen:

* Unter welchem Namen kennen Sie Reibekuchen?
  - Kartoffelpuffer?
  - Erdäpfelpuffer?
  - Reiberdatschi?
  - Reibeplätzchen?
  - Kartoffelplätzchen?
  - Kartoffelpfannkuchen?
  - Dotsch?
* Wann gab es in Ihrer Kindheit Reibekuchen? Verbinden Sie Reibekuchen mit einem besonderen Anlass?
* Haben Sie schon einmal Kartoffeln gerieben? Was gab es bei Ihnen zu den Reibekuchen?
  - Apfelmus?
  - Grießmehlsuppe?
  - Weißes Brot?
  - Schwarzbrot?
  - Mettwurst mitten in den Teig gedrückt?
* Was gehört auf jeden Fall in einen richtigen Teig für Reibekuchen?

Die Fischwette

Als Jüngster in der Familie hatte ich es nicht immer leicht. Meine sechs älteren Geschwister ließen keine Gelegenheit aus, sich über mich lustig zu machen. Wenn es ganz übel kam, dann schlossen sie Wetten ab, ob ich etwas schaffte oder nicht. „Wetten, dass Bruno das nicht schafft!", hieß es dann.

Ich hasste Sportwettkämpfe in der Schule und nahm freiwillig niemals an Rennen teil, das wussten alle. Sogar auf den Angelausflug mit meinem Patenonkel wollte ich verzichten. Obwohl er mich als Einzigen mitnehmen wollte. Mein ältester Bruder Ansgar verkündete sofort, dass ich doch nichts fangen würde. Nur mit Mühe konnte mein Onkel mich überreden, ihn trotzdem zu begleiten.

Noch auf dem Weg zum Motorrad hörte ich, wie meine Geschwister sich stritten, wer dieses Mal den Unparteiischen geben musste.

Die Rollen waren klar verteilt: Einer war der Schiedsrichter, der selbst nicht mitwetten durfte. Einer musste für mich stimmen. Diese Aufgabe wollte keiner übernehmen, weil er meistens verlor, denn ich war wirklich völlig unsportlich. Dieses Mal erwischte es meine zwei Jahre ältere Schwester Barbara.

Mit gemischten Gefühlen begleitete ich also meinen Onkel. Woher hätte ich auch wissen sollen, was mich erwartet?

„Lass die doch reden!", tröstete mein Onkel mich. „Die sind nur neidisch, weil ich sie noch nie mitgenommen habe."

Ich durfte mich hinter ihn auf das Motorrad setzen. Allein dafür hatte sich der Spott der Geschwister gelohnt.

Mein Onkel bestand darauf, dass ich eine lederne Motorradmütze aufsetzte. In der Hand sah sie albern aus. Aber auf dem Kopf, als mir der Wind um die Nase wehte, war sie ein Traum.

Ich legte meine Arme um den Bauch meines Onkels.

„Die Angelruten sind schon unterwegs", erklärte er mir und forderte mich auf: „Halt dich gut fest!" Als ob das nötig gewesen wäre. Dann ging es los.

Leider war die Fahrt schnell vorbei. Das Gebäude, vor dem mein Onkel hielt, war eine alte Wasserburg mit einem breiten Graben, an dessen Ufern bereits einige Männer standen. Alle hatten Angeln in der Hand und wirkten, als hätten sie viel Erfahrung damit, Fische zu fangen. Das sah nicht danach aus, als könnte meine Schwester die Wette gewinnen.

Ein Mann winkte uns zu.

Mein Onkel begrüßte ihn: „Danke, Horst, dass du dich um alles gekümmert hast."

Vor uns standen aufgezogene Angeln. Die Köder lagen bereits im Wasser. Ich musste nur noch warten, dass ein Fisch anbiss. Wenn je einer an meiner Leine zappeln würde in dem Gewässer. Kaum hatte ich das gedacht, da wackelte meine Angelschnur auch schon.

Mein Onkel und sein Freund rannten hastig herbei. Sie zeigten mir, wie ich die Schnur einholen musste.

„Eine Plötze", meinte Horst beeindruckt. Er nahm ein Holz in die Hand, als der Fisch auf dem Boden zappelte.

Ich sah weg, bis mein Onkel sagte: „Es ist alles vorbei."

Da lag mein erster Fisch. Meine Geschwister würden sich wundern.

Als ich am späten Nachmittag mit meinem Onkel auf dem Motorrad vor meinem Elternhaus vorfuhr, staunte die Familie nicht schlecht.

In Zeitungspapier verpackt, befanden sich drei Plötzen in der Motorradtasche.

„Dann zeig mal, was du kannst", forderte mein Onkel meine Mutter auf.

Die lachte nur.

„Du hast geangelt, du darfst auch braten. Ich habe damit nichts zu tun." Sie wies auf die Pfanne neben dem Herd.

Mein Onkel drehte sich um und erklärte mir: „Du hast geangelt, du darfst auch braten."

Die Geschwister feixten bereits, weil sie damit rechneten, dass ich einen Rückzieher machen würde. Doch ich verzog keine Miene, sondern folgte meinem Onkel in die Küche.

Mein Onkel zeigte mir, wie man eine Plötze zubereitet. Zuerst schuppte er die Fische, dann schnitt er sie am Bauch mit einem spitzen Messer auf. Er nahm die schwarzen Härchen heraus und schnitt Kopf und Schwanz ab.

Ich durfte die Fische abspülen und mit Zitronensaft beträufeln.

In der Tür hinter mir standen meine Geschwister und tuschelten. Sollten sie doch. Sie hatten ihre erste Wette schon verloren. Mochten sie noch eine Wette eingehen. Ich würde mich nicht mehr kleinkriegen lassen.

„Darf ich helfen?", fragte meine Schwester Barbara und schob sich durch die anderen Geschwister.

Mein Onkel drückte ihr ein Messer in die Hand und bat sie, Zwiebeln und Gurken zu schneiden.

Sie machte sich sogleich an die Arbeit.

Während ich die Fische unter der Aufsicht meines Onkels briet, half er Barbara, eine Soße zuzubereiten.

Ich wagte einen Seitenblick zu meinen anderen Geschwistern. Die Häme war aus ihrem Blick gewichen. Der Neid sprach aus ihren Gesichtern. Erst recht, als sich meine Mutter zu uns gesellte und die Pellkartoffeln aus dem Rohr nahm.

„Na gut, du hast gewonnen!“, verkündete mein ältester Bruder schließlich, als der Duft von gebratenem Fisch durchs Haus zog. Er sah zuerst Barbara und dann mich an.

Ich nickte nur und trug die Platte mit den Fischen in die Essstube. Fast kam es mir vor, als wäre ich ein wenig gewachsen und die anderen etwas geschrumpft.
Vor allem, als mein Onkel erzählte, wie ich mit der Plötze gekämpft hatte, und mein Vater den leckeren Fisch lobte.

Lassen Sie erzählen:

* Welchen Fisch essen Sie am liebsten?
* Gibt es andere Meerestiere, die Sie gerne essen? Welche sind das zum Beispiel?
* Haben Sie schon einmal einen selbst gefangenen Fisch verzehrt?
  - Welcher Fisch war das?
  - Wo und wie haben Sie ihn gefangen?
  - Wer hat ihn zubereitet?
* Was essen Sie am liebsten von einem Fisch?
  - das Filet?
  - die Flossen?
  - den Kopf?
* Welche Fischgerichte fallen Ihnen ein? Haben Sie sie nur gegessen oder auch zubereitet?
* Gibt es eine andere Speise, für die Sie die Zutaten beschafft haben?
  - Welche Speisen waren das?
  - Wie sind Sie an die Zutaten gelangt?
  - Wer hat die Speise zubereitet?

Immer diese Erbsensuppe

Seit vier Monaten war der Malergeselle Paul nun auf Wanderschaft. Alle paar Wochen ein neuer Abschied, alle paar Wochen ein neuer Meister und neue Gesellen. Er hatte sich die Zeit nicht so schwer vorgestellt.

Immer wieder wunderte er sich, wie verschieden die Speisen in anderen Familien waren. Und wie sehr sich die Tischmanieren von denen unterschieden, die er von zu Hause kannte.

„Essen kommen!", hörte Paul die Frau des Meisters.

Endlich Pause! Er spürte seinen Arm kaum noch vom vielen Streichen und Hunger hatte er auch. Er hatte Glück, die Hausherrin konnte gut kochen.

„Was gibt es denn heute?" Lehrling Otto ließ als Erster den Pinsel fallen und stürmte in die Küche.

Paul spitzte die Ohren und hoffte auf diesen leckeren Wirsingeintopf, der ihn an die Kochkünste seiner Mutter erinnerte.

„Erbsensuppe!", beschied die Meisterin dem vorlauten Lehrling.

„Lecker!", rief dieser und auch die anderen Gesellen frohlockten. Denn in der Suppe schwammen immer einige Speckstücke.

Nur Paul ging gleich ein wenig langsamer in die Küche. Er liebte Erbsensuppe und wäre er bei seiner Mutter, hätte er als Erster am Tisch gesessen.

Hier in der Familie des Meisters bedeutete Erbsensuppe, dass mit dem Löffel gegessen wurde. Das war für Paul immer ein schwieriges Unterfangen.

„Paul, kommst du!" Da rief die Meisterin auch schon.

Alle anderen saßen bereits am Tisch, während Paul sich noch an seiner Jacke zu schaffen machte. Was hatte er denn da alles eingesteckt? Seine Mutter hatte ihn stets ermahnt, seine Taschen abends auszuleeren. Aber die war weit weg. Als Wandergeselle musste er sich um seine Dinge selbst kümmern.

Endlich! Da war der Löffel, den er sich vor wenigen Tagen vom Lohn gekauft hatte. Nie im Leben wäre er zu Hause auf die Idee gekommen, einen Löffel mitzunehmen. Seine Mutter würde lachen, wenn er ihr die Geschichte erzählte. In einigen Jahren, wenn er seine Wanderschaft beendet hatte.

Paul schob sich auf das Ende der Bank vor den leeren Teller, der dort bereits auf ihn wartete. Er spürte den Löffel in seiner Hosentasche.

Die Meisterin verteilte die Erbsensuppe. Pauls Teller war als letzter an der Reihe.

Paul grinste. Unten im Topf waren die leckeren Zutaten. Die Erbsen und die Fleischstückchen, die sich von der dicken Rippe gelöst hatten.

Nun musste er nur noch den richtigen Moment abpassen. Dann konnte er zum ersten Mal in der Fremde Erbsensuppe genießen.

Da! Die Meisterin zog die Tischschublade vor ihrem Bauch auf und griff hinein.

Sie nahm eine Handvoll Löffel heraus und warf sie neben den Topf mit der restlichen Erbsensuppe auf den Tisch.

Den Augenblick, als alle einen Löffel griffen, nutzte Paul. Er zauberte seinen eigenen Löffel aus der Hosentasche hervor, ohne dass es jemand bemerkte.

Mit großem Eifer machten sich der Meister und seine drei Kinder, der Lehrling, die Gesellen und die Meisterin über ihre Teller her.

Keiner sagte etwas. Nur das Klappern der Löffel auf den teilweise angeschlagenen Porzellantellern war zu hören.

„Das war gut!", erklärte der Meister und ließ ein lautes Rülpsen hören.

Er steckte den Löffel noch einmal in den Mund, leckte ihn ab und warf ihn mitten auf den Tisch. Neben den leeren Topf.

Mit Entsetzen sah Paul, wie seine Tischgenossen es dem Meister nachtaten. Löffel ablecken und auf den Tisch werfen.

Nun kam der zweite Teil von Pauls List.

„Die Suppe war vorzüglich!", verkündete er und ließ sich langatmig darüber aus. „Diese Erbsen, so fein, dass sie auf der Zunge zergehen. Und das Fleisch." Er verdrehte die Augen und brachte alle zum Lachen. „Noch nie habe ich eine so wunderbare Erbsensuppe gegessen. Außer vielleicht bei meiner Mutter", fügte er hinzu, um nicht zu dick aufzutragen.

Die Meisterin freute sich. Während sie sich im Lob der Männer sonnte, öffnete sie die Schublade vor ihrem Bauch.

Sie zog die Löffel zu sich heran und ließ sie in die Schublade fallen.

Paul schauderte, als er sah, wie die abgeleckten Löffel unter dem Tisch verschwanden. In der Schublade, von wo sie bei der nächsten Suppe wieder hervorgeholt würden.

Rasch beugte er sich zur Seite und ließ seinen Löffel heimlich in der Tasche verschwinden. Den würde er später in Ruhe reinigen. Aber die Erbsensuppe, die war wirklich lecker gewesen.

Trotzdem freute er sich, dass es am nächsten Tag Messer-Essen geben würde – wie immer am Tag nach der Erbsensuppe. Und Messer und Gabel wurden immer richtig gespült.

Lassen Sie erzählen:

* Wann haben Sie zum ersten Mal Erbsensuppe gegessen? Erinnern Sie sich?

* Welche Einlage mögen Sie am liebsten in der Erbsensuppe?
  - Mettwurst?
  - Dicke Rippe?

* Was mögen Sie lieber: Linseneintopf oder Erbsensuppe?

* Bei welchen Anlässen gab es in Ihrem Ort Erbsensuppe?
  - Kirmes?
  - Schützenfest?
  - Weihnachten?

* Haben Sie selbst einmal Erbsensuppe aus der Gulaschkanone verteilt? Wann war das? Und aus welchem Anlass?

Himmel und Erde

In der Erntezeit wurde die kleine Sieglinde in den Kindersitz an Mutters Fahrrad gesetzt. Renate durfte damit fahren und Werner bekam das Rad des Vaters.

Die Geschwister zogen zu den Bauern aufs Land, um Erntereste zu sammeln.

Renate mochte diese Bettelei nicht. Doch mit Sieglinde auf dem Rad brauchte sie nicht groß zu fragen. Die war so klein und dünn, dass die Leute ihnen von allein Kartoffeln und Kohlrabi in den kleinen Anhänger luden, den Werner hinter sich herzog.

Renate saß mit gemischten Gefühlen auf Mutters Rad. Vor ihr quietschte Sieglinde begeistert. Hinter ihr fuhr Werner.

„Hoffentlich schenkt uns jemand Äpfel", meinte Werner. „Ich würde so gerne wieder einmal Himmel und Erde essen."

Augenblicklich sah Renate ihre Lieblingsspeise vor sich. Einen Teller voll mit gestampften Kartoffeln und Äpfeln, darüber Zwiebelringe und eine kleine Scheibe gebratener Blutwurst. Nur selten gab es dieses Gericht.

Als Zimmermann verdiente ihr Vater gerade genug, um die Kinder satt zu kriegen. An Lieblingsspeisen war da nicht zu denken.

Ihre Mutter versuchte dennoch, zu kochen, was die Kinder gerne mochten. Aber dafür extra Äpfel zu kaufen, das kam auch ihr nicht in den Sinn. Und einen Garten besaßen sie nicht.

„Das wäre schön!", seufzte Renate und schluckte das Appetitwasser herunter.

„Die Bauern haben doch alle Apfelbäume. Da könnten sie uns gut ein paar Äpfel schenken", fand Werner.

Er fuhr nun neben Renate und betrachtete seine kleine Schwester Sieglinde. „Wenn wir Sieglinde dazu bringen könnten, nach Äpfeln zu fragen“, überlegte er.

Schon rief Sieglinde: „Äpfel, Äpfel.“

Renate und Werner lachten. Die Chancen für ihr Lieblingsessen wuchsen.

Wenig später stiegen die Geschwister auf dem ersten Hof von ihren Rädern.

Aus dem Stall kam ein Mann mit einer Mistgabel.

„Verschwindet!“, rief er so laut, dass Sieglinde begann, zu weinen.

Das rührte den Mann nicht. Er wiederholte nur: „Verschwindet!“, und drohte mit der Mistgabel.

Renate und Werner wendeten ihre Räder und machten, dass sie fortkamen.

Auf dem nächsten Anwesen lief es nicht besser. Zwar hatte der Bauer keine Mistgabel in der Hand. Dafür begleiteten ihn zwei große, schwarze Hunde, die jede Bewegung der Kinder aufmerksam verfolgten.

Erst auf dem dritten Hof empfing sie eine Bauersfrau, die sich von Sieglindes Lächeln einnehmen ließ. Sie füllte den kleinen Anhänger mit Kartoffeln und wickelte sogar ein Stück Blutwurst ein.

„Lasst es euch schmecken!“, sagte sie und kniff Sieglinde in die Wange. Schon verzog die Kleine das Gesicht.

Schnell bedankten sich Renate und Werner und radelten davon.

„Warum musst du auch immer gleich weinen?“, schimpfte Werner mit seiner kleinen Schwester. „Du solltest Äpfel sagen!“

Auf dem Weg zum letzten Bauernhof in der Siedlung bemühten sich Renate und Werner, Sieglinde aufzumuntern.

Werner sagte ihr mindestens zehnmal „Äpfel“ vor und manchmal wiederholte seine kleine Schwester das Wort sogar.

Voller Hoffnung gelangten sie auf den Hof. Ein Hund bellte in seinem Zwinger. Doch weit und breit war kein Mensch zu sehen.

„Hallo!“, riefen Renate und Werner.

Keine Antwort. Obwohl der Hund kläffte, als würde jemand das gesamte Inventar stehlen, ließ sich niemand blicken.

„Schade!“, seufzte Renate. „Dann gibt es eben nur Reibekuchen mit Blutwurst.“ Enttäuscht wendeten die Kinder ihre Räder und machten sich auf den Heimweg.

Sie fuhren am Hof der netten Bäuerin vorbei und an dem Hundemann, wie Sieglinde den zweiten Bauern nannte.

In der Ferne sahen sie den ersten Hof, auf dem sie der Mann mit der Mistgabel empfangen hatte. Er war umgeben von hohen Bäumen, durch dessen Blätter rote Äpfel schimmerten.

Werner stoppte sein Rad und lehnte es an einen Zaunpfahl.

„Warte hier!“, forderte er Renate auf.

Ehe diese etwas sagen konnte, war er über den Zaun geklettert. Er rannte die Wiese hinunter.

Renate beobachtete, wie er sich unter einem Apfelbaum bückte und etwas aufhob.

Mit einer Hand spannte er sein Hemd, sodass es wie eine Schüssel vor seinem Bauch abstand. In die Hemdschüssel legte er einen roten Apfel nach dem anderen.

„Morgen gibt es Himmel und Erde!“, verkündete Werner, als er zu Renate und Sieglinde zurückkam.
Er leerte seine Hemdschüssel in den Anhänger.

Renate zögerte. Aber die roten Äpfel zwischen den hellbraunen Kartoffeln ließen in ihr das Bild ihres Leibgerichts entstehen. Da konnte sie nichts sagen.

„Wie erklären wir Mutter das?", fragte sie nur.

Werner grinste.

„Wenn sie ihre kleine Sieglinde wiederhat, vergisst sie alles andere."

So war es auch. Kaum hatte die Mutter ihre jüngste Tochter auf dem Arm, sagte sie: „Oh, ihr habt aber gut gesammelt. Da können wir morgen Himmel und Erde kochen."

Werner zwinkerte Renate zu. Renate zwinkerte nicht zurück. Sie grübelte noch, ob es richtig war, dem Bauern die Äpfel zu stehlen. Auch wenn Werner behauptete, dass sie ohnehin auf dem Boden gelegen hätten und sonst in den Mägen des Viehs gelandet wären.

Diese Gedanken beschäftigten sie auch am nächsten Tag, als sie am Tisch saßen und Himmel und Erde aßen. Genau so, wie sie sich das Essen vorgestellt hatte.

Lassen Sie erzählen:

* Unter welchem Namen kennen Sie das Gericht Himmel und Erde ?
  - Himmel und Erde?
  - Himmel und Ärd?
  - Äpfel und Kartoffeln durcheinander?
* Wie wurde es in Ihrer Familie zubereitet?
* Was meinen Sie: Hat Werner die Äpfel gestohlen oder nur aufgesammelt?
* Haben Sie einmal Essen gestohlen, weil Sie hungrig waren?
* Welches Obst essen Sie am liebsten?
* Welche Erinnerungen haben Sie an Blutwurst?

Vom Regen in die Traufe

Es gab eine Zeit, in der ich gar nicht genug zusätzliche Aufgaben in der Schule bekommen konnte.

Wann immer der Lehrer fragte, wer die Tafel putzen oder ihm die Taschen tragen wollte, meldete ich mich freiwillig. Selbst die Stube hätte ich ihm gewischt, wenn er es verlangt hätte.

Alles war besser, als Bohnen zu döppen.

Jedes Jahr blickte ich ab Anfang Juni sorgenvoll zum Himmel.

Während die anderen auf gutes Wetter hofften, betete ich heimlich für eine lange Regenperiode. Und dafür, dass sich eine andere dringende Arbeit für mich auftat.

Aber Bohnendöppen war Mädchensache.

Die Jungen durften im Stall und bei der Ernte helfen. Wir Mädchen mussten die Restarbeiten im Haus erledigen. Äpfel schälen für Kompott, das Grün von den Johannisbeerträubchen abzupfen und eben auch die Bohnen döppen.

Ich hasste diese Arbeit. Die Finger wurden stumpf, grün und wund davon. Außerdem fand ich Bohneneintopf schrecklich.

Doch meine Mutter ließ sich nicht erweichen. Da konnte ich von wichtigen Hausaufgaben oder plötzlich auftretenden Krankheiten sprechen. Es war, als gingen meine Worte zum einen Ohr hinein und zum anderen wieder hinaus.

„Wenn du fertig bist, kannst du die nächste Fuhre von der Tenne holen, Brunhilde", hieß es nur.

In einem Jahr aber hatte ich die rettende Idee:

Der Küster, der in der Kirche für Ordnung sorgte, war erkrankt. Eifrig bot ich mich an, dessen Dienst zu übernehmen. Das bisschen Blumengießen und Kerzenanzünden würde ich gut schaffen. Der Priester war begeistert, als ich vorschlug, ihm zur Hand zu gehen.

„Wenn deine Mutter damit einverstanden ist, gerne“, sagte er.

Auch daran hatte ich gedacht. Zu Hause erklärte ich meiner Mutter: „Pfarrer Tischer hat mich gebeten, ihm behilflich zu sein, jetzt, wo der Küster krank ist.“

Ich wusste zwar noch nicht, wie ich diesen Schwindel bei der Beichte erklären sollte, aber bis dahin war die Bohnenzeit längst vorbei.

Meine Mutter sah mich eindringlich an.

„Das ist nicht recht, dass der Pfarrer uns eine Kraft abzieht! Wir brauchen jede Hand!“, bemerkte sie und verzog die Lippen zu einem schmalen Strich. Doch sie nickte. „Wie könnte ich einem Pfarrer die Bitte abschlagen?!“

Nun musste ich nur noch hoffen, dass die beiden nicht aufeinandertrafen. Aber in der Erntezeit hatte meine Mutter ohnehin keine Zeit für die Kirche. Da war die Gefahr gering.

Am nächsten Werktag hüpfte ich frohgemut zum Pfarrer.

Mein Ranzen auf dem Rücken wippte ebenso vergnügt wie ich. Blumengießen statt Bohnendöppen, das war eine verheißungsvolle Aufgabe für den Nachmittag.

Pfarrer Tischer empfing mich an der Haustür und führte mich sogleich in den Garten.

Ich ging davon aus, dass er mir zeigen wollte, welche Blumen ich für die Kirche pflücken durfte. Erwartungsvoll sah ich ihn an.

„Es ist wirklich gut, dass du uns hilfst", Pfarrer Tischer strahlte mich an. „Meine Köchin ist nämlich krank geworden und ich habe versprochen, dass es am Wochenende Bohneneintopf für die Gemeindemitglieder gibt. Da können wir jede Hand gebrauchen, um die Bohnen zu pflücken und zu döppen."

Mit Entsetzen sah ich ganz am Ende des Gartens die hohen Bohnenstangen, die voller Früchte hingen.

Was sollte ich sagen?

Ergeben legte ich meinen Ranzen an die Seite und nahm den kleinen Eimer, den der Pfarrer mir reichte.

Ich näherte mich den Bohnenstangen und sah schon von Weitem die ekeligen Bohnenkäfer.

Am liebsten wäre ich sofort nach Hause gelaufen.

Aber wie sollte ich das meiner Mutter erklären?

Außerdem hätte ich dort auch Bohnen döppen müssen.

Mir blieb nichts anderes übrig, als das zu tun, was der Pfarrer mir auftrug.

Zum Glück war ich nicht allein. Eine Frau aus der Gemeinde gesellte sich wenig später zu mir. Mit großem Eifer pflückte sie Bohne für Bohne.

Sie lachte über mein entsetztes Gesicht.

„Weißt du, ich hasse es, Bohnen zu pflücken und sie aus den Schalen zu holen. Aber ich liebe Bohneneintopf. Bei der Arbeit stelle ich mir deshalb immer einen großen Teller voller dicker Bohnen mit Kartoffeln und Speck vor. Dann bekomme ich solchen Appetit, dass ich ganz von selbst schnell arbeite."

Eine dumme Idee, dachte ich, Bohneneintopf schmeckt doch überhaupt nicht. Einen Pfannkuchen oder Kartoffelbrei, wenn ich mir die vorstellen dürfte, dann könnte ich auch schnell pflücken. Oder dicke Milch mit Zimt und Zucker.

Ich malte mir die Speisen aus und bemerkte nicht, dass mein Bohneneimer längst gefüllt war. Das klappte tatsächlich. Beim Döppen der Bohnen dachte ich an all meine Lieblingsgerichte und plötzlich war da sogar ein großer Teller mit Bohneneintopf und Mettenden.

Lassen Sie erzählen:

* Unter welchem Namen kennen Sie dicke Bohnen?
  - Dicke Bohne?
  - Puffbohne?
  - Saubohne?
  - Pferdebohne?
  - Ackerbohne?
* Mögen Sie Bohnen lieber als Eintopf oder als Beilage?
* Was gehört für Sie unbedingt in einen Dicke-Bohnen-Eintopf?
* Mussten Sie als Kind helfen, Bohnen zu döppen bzw. wie haben Sie diese Tätigkeit genannt?
* Welche Erinnerung haben Sie an Bohnenkäfer?
* Kennen Sie die Tradition der Beichte aus Ihrer Religion? Was war Ihr aufregendstes Erlebnis bei einer Beichte?

Die Kohlkönigin

Als ich ein kleines Mädchen war, gab es nicht wie heute jeden Tag Essen in Hülle und Fülle.

Nur einmal am Tag wurde warm gegessen. In manchen Nächten wachte ich vom Knurren meines Magens auf.

Einmal im Jahr aber konnte ich nicht schlafen, weil mein Bauch so voll war. Am letzten Sonntag im November, nach dem Grünkohlfest bei uns im Dorf.

In jedem Jahr stand ich staunend da, wenn die Erwachsenen sich in einer Schlange aufreihten, um sich wiegen zu lassen. Sie alle wollten Kohlkönig werden. Dafür wurden sie vor und nach dem Essen gewogen. Wer am meisten zugenommen hatte, wurde Kohlkönig.

Zum Wiegen wurde extra die große Waage aus der Genossenschaft ins Bierzelt gekarrt.

Neben der Waage saß der Bürgermeister und trug die Gewichte in eine Liste ein.

Wenn alle Teilnehmer des Kohlkönig-Wettbewerbs gewogen waren, gab es etwas zu essen. Grünkohl mit Pinkel.

Für uns Kinder war das Grünkohlessen fast so schön wie Weihnachten. Wir konnten uns richtig satt essen.

Was mich allerdings ärgerte, war, dass wir nicht am Kohlkönig-Wettbewerb teilnehmen durften.

Als ich zehn Jahre alt war, fragte ich den Bürgermeister: „Wieso dürfen wir Kinder eigentlich nicht mitmachen?"

Der Bürgermeister sah mich überrascht an.

„Ach, die kleine Irmgard. Das ist eine gute Frage", meinte er. „Das weiß ich auch nicht. Es steht nirgendwo, dass Kinder nicht mitmachen dürfen."

Die Leute um ihn herum lachten.

„Ein Kind als Kohlkönig, das wär's noch!", brüllte ein Mann, der schon eine rote Nase vom Frühschoppen hatte.

So eine Gemeinheit. Dem würde ich es zeigen.

„Ich möchte Kohlkönigin werden!“, verkündete ich.

„Die Kinder werden auch immer vorwitziger!“, rief der Mann mit der roten Nase. „Wo kommen wir denn dahin?“

Da trat der Lehrer vor und stellte sich neben mich.

„Ich finde, das ist eine gute Idee. Warum soll Irmgard nicht teilnehmen?“

Der Bürgermeister sah ratlos von einem zum anderen. „Wenn deine Eltern einverstanden sind, von mir aus“, entschied er dann.

Umgehend rannte ich zu meinem Vater.

„Papa, ich möchte Kohlkönigin werden!“, rief ich ihm von Weitem zu.

Die Nachbarn, die mit ihm am Tisch saßen, lachten.

Mein Vater aber nickte mir zu.

Schnell lief ich zum Bürgermeister zurück.

„Ich darf!“, erklärte ich und stieg auf die Waage.

„Irmgard wiegt 28 Kilo“, verkündete die Frau des Bürgermeisters mein Gewicht.

Wieder lachten die Erwachsenen.

Na wartet, dachte ich.

Dann wurden die Schüsseln gebracht.

Ich füllte meinen Teller bis oben hin mit Grünkohl, Kartoffeln und Grützwurst. Eine Gabelfüllung nach der anderen schob ich in den Mund.

Nach dem dritten Teller spürte ich, wie mein Bauch sich spannte.

Da hörte ich den rotnasigen Mann neben mir, der stichelte: „Gib lieber gleich auf, das schaffst du nie."

Ich ließ meinen Teller zum vierten und fünften Mal füllen. Inzwischen hatten meine Eltern mir gegenüber Platz genommen. Während meine Mutter sorgenvoll zusah, wie ich mit dem Gemüse kämpfte, wurde das Grinsen im Gesicht meines Vaters immer breiter.

Mein Freund Eduard berichtete, dass zwei Kontrahenten nach dem vierten Teller aufgegeben hatten. Nur ein großer, dicker Bauer aß noch an dem anderen Tisch.

Ich wusste nicht, wie viele Teller Grünkohl er bereits verputzt hatte. Ich wusste nur, ich konnte nicht mehr. Wenn ich noch einen einzigen Happen in mich hineinschieben würde, müsste ich mich übergeben und alles wäre umsonst gewesen.

„Ich kann nicht mehr!", erklärte ich.

Meine Mutter wirkte erleichtert.

„Dann komm, wir gehen zur Waage."

Mit langsamen Schritten ging ich zu der Waage. Ich hatte das Gefühl, mein Bauch zöge mich nach unten. Wie eine Bremse kam er mir vor.

Ich stieg auf die Waage und sah die Frau des Bürgermeisters gespannt an.

„3 400 Gramm zugenommen", verkündete sie.

Der Bürgermeister schrieb das Gewicht auf.

„Damit führst du im Moment!", sagte er.

Ich konnte es kaum glauben. Aber noch aß der Dicke.

Da schob er den Teller von sich und kam zur Waage herüber.

„4 200 Gramm über Start", hörte ich noch und dann hörte ich nichts mehr.

Als ich wieder wach wurde, lag ich auf dem Holzboden. Meine Mutter fächelte mir mit der Hand Luft zu. Der Bürgermeister, seine Frau, der Dicke und Eduard beugten sich über mich.

„Geht es wieder?", wollte der Bürgermeister wissen.

Ich nickte, obwohl ich am liebsten für immer liegen geblieben wäre. Ich war so nah daran gewesen, die erste Kohlkönigin zu werden und hatte die ganzen Teller umsonst in mich hineingeschaufelt.

„Damit haben wir einen Sieger", rief der Bürgermeister und läutete eine große Glocke, damit alle ihm zuhörten. „Bauer Roggenkamp ist unser diesjähriger Kohlkönig." Er machte eine kurze Pause. „Und in diesem Jahr haben wir erstmals auch eine Kinderkohlkönigin!“ Schnell stand ich auf. Die Leute klatschten und der Bürgermeister hängte mir eine Kette mit Mettenden um den Hals. Für diesen Orden hatte sich die Mühe gelohnt.

Ich nahm mir fest vor, im nächsten Jahr wieder teilzunehmen und zu gewinnen. Denn der Bürgermeister erklärte, dass es künftig in jedem Jahr auch einen Kinderkohlkönig geben würde. Alles meinetwegen!

Lassen Sie erzählen:

* Wann haben Sie zum ersten Mal Grünkohl gegessen?
* Welche Beilage gab es?
  - Mettenden?
  - Pinkel, also Grützwurst?
  - Dicke Rippe?
  - Blutwurst?
* Wie würden Sie den Geschmack von Grünkohl beschreiben?
* Haben Sie einmal Grünkohl geerntet oder gar selbst im Garten gezogen? Wann war das?
* Welche Festbräuche gab es in Ihrer Heimatstadt?
* Wie waren Sie und Ihre Familie daran beteiligt?
* Welche Speise ist typisch für Ihre Heimat?
  - Wann haben Sie sie zum letzten Mal gegessen?
  - Wie wird sie zubereitet?

Immer diese Naschkatzen

Anna stand in der Küche und rührte den Milchreis. Ihre vier Kinder würden sich über diese besondere Überraschung freuen.

Die Reiskörner waren bereits dick und bauchig geworden, als hätten sie sich mit Milch vollgesogen.

Aber noch war die Masse nicht weich und breiig, wie ihre Kinder sie mochten. Die meisten zumindest. Nur Josef überließ diese Mahlzeit gerne seinen drei Geschwistern.

Wenn der Reis doch nur endlich fertig wäre. Anna hatte noch so viel zu tun. In ihrer Freude hatte sie nicht daran gedacht, dass sie den Topf eine halbe Stunde nicht aus den Augen lassen durfte.

Die Kinder waren in der Schule. Diese Aufgabe hätten sie gerne übernommen, schon um in einem unbemerkten Augenblick den Finger in den Topf zu stecken und zu naschen.

Endlich! Die Masse war schön dickflüssig geworden.

Anna nahm zur Feier des Tages fünf Schälchen aus dem Schrank. Eines für ihren Mann Gerhard, drei für die Kinder und eines für sich. Josef würde den roten Apfel bekommen, auf den er schon seit Tagen hoffte. Sie hatten schließlich etwas zu feiern.

Anna verteilte den Milchreis in die Schälchen. In 30 Minuten würden die Kinder aus der Schule heimkehren. Bis dahin wollte sie noch die Babysachen vom Dachboden holen. Abkühlen konnte der Milchreis wohl alleine.

Sie öffnete das Fenster und stellte die Schälchen nebeneinander auf die Fensterbank.

Langsam stieg sie die Treppen hinauf ins Obergeschoss und ließ die Leiter zum Dachboden herunter. Beim Hinaufklettern war sie vorsichtiger als sonst.

Nicht auszudenken, wenn sie die Stufen hinunterfiel.

Die Kiste mit den Babysachen stand direkt neben der Treppe. Sie nahm sie unter den Arm und stieg konzentriert rückwärts die Stufen hinab.

Erleichtert ließ sie sich auf den Stuhl fallen, der neben der Leitertreppe stand. Nicht mehr lange, dann wäre sie zu rund, um durch die Luke zu passen. Ein Strahlen ging über ihr Gesicht. Was war das schon gegen ein neues Baby. Dieses Mal würde es ganz sicher ein Mädchen werden. Darauf hatte sie nun schon viermal vergeblich gehofft.

„Mama!" Das war die Stimme ihres Jüngsten. Die Kinder waren von der Schule zurück.

„Anna!" Wie schön, auch Gerhard kam rechtzeitig zum Essen. Erfreut lief sie ihren Lieben entgegen.

„Was gibt es heute zu essen?", fragten die Kinder neugierig wie jeden Tag.

Als Anna antworten wollte, sah sie die Schälchen auf dem Fensterbrett.

Alle fünf Schälchen waren leer.

Sie schloss die Augen und öffnete sie wieder. Die Schälchen blitzten, als hätte sie sie frisch gespült auf die Fensterbank gestellt. Das gab es doch nicht.

„Was gibt es denn nun?“, erkundigte sich jetzt auch ihr Mann.

Sie sah die Kinder an.

„Wer von euch hat die Schälchen vertauscht?“, fragte sie streng. Es konnte keine andere Möglichkeit geben. Ihre Kinder spielten ihr einen Streich.

Doch die vier sahen sie mit großen Augen an.

„Wir haben nichts gemacht.“ Josef übernahm als Ältester das Wort. „Wirklich nicht.“

„Aber da standen fünf Schälchen mit Milchreis!“, stammelte Anna und hielt sich am Türrahmen fest. Alles umsonst. Die lange Zeit in der Küche. Alles für die Katz.

Die Katzen! Die hatte sie ganz vergessen.

„Wo sind Miez und Braunie?“, fragte sie ihre Familie.

Alle zogen die Schultern hoch und sahen sich um.

„Da!“, sagte Gerhard schließlich und begann, zu lachen.

Anna schaute ihn empört an. Wie konnte er lachen, wo ihr mühevoll gekochter Milchreis verschwunden war? Dann bemerkte auch sie die weißen Ränder um die schwarze Schnauze von Miez und die braune Schnauze von Braunie.

Die Kinder kicherten verhalten und sahen ihre Mutter von unten an. Als auch diese anfing, zu lachen, gab es kein Halten mehr. Sie prusteten los. Gerhard und Anna lachten ebenso ausgelassen wie ihre Kinder.

Als alle sich beruhigt hatten, erklärte Anna, warum es mitten in der Woche Milchreis gegeben hätte.

„Wir bekommen ein neues Baby“, berichtete sie. „Das müssen wir doch feiern.“

Die Kinder jubelten und Gerhard nahm Anna in den Arm.

„Dann feiern wir eben heute Abend“, meinte er. „Die Kinder rühren sicher gerne den Reis, dann kannst du dich ausruhen und auf das Baby freuen.“

Anna strahlte und wusste wieder, dass sie den besten Mann der Welt geheiratet hatte.

Lassen Sie erzählen:

* Wie mögen Sie Milchreis am liebsten?
* Gab es einen speziellen Milchtopf bei Ihnen zu Hause?
* An welche Milchspeisen erinnern Sie sich?
  - Selbst gemachte dicke Milch?
  - Milchsuppe?
  - Milch frisch von der Kuh?
* Haben Sie den Geruch von angebrannter Milch noch in der Nase? Wie riecht sie?
* Wie haben Sie in Ihrer Jugend besondere Anlässe begangen?
* Was hat Ihre Mutter auf dem Dachboden, im Keller oder im Schuppen aufbewahrt?

Der kleine Krankenpfleger

Günther lebte allein mit seiner Mutter in einer kleinen Wohnung unter dem Dach. Wenn er morgens zur Schule ging, machte sich seine Mutter auf den Weg in die Fabrik. Dort nähte sie Hosen, während er Lesen, Rechnen und Schreiben lernte.

Seinen Vater kannte Günther nicht. Aber das fand er nicht schlimm, so konnte er auch nicht schimpfen und schlagen wie manche Väter seiner Freunde.

Kurzum: Günther ging es gut und er freute sich des Lebens mit einer Mutter, die ihm jeden Wunsch von den Augen ablas.

Und genau diese Mutter lag nun im Bett und hustete und nieste. Das hatte es noch nie gegeben.

„Hol Frau Adler", bat die Mutter Günther. Ihre Augen sahen merkwürdig aus. Irgendwie glasig und weit weg.

Günther schwankte. Frau Adler war die Nachbarin, die unter ihnen wohnte. Sie stieß oft mit dem Besen gegen die Decke. Er ging ihr am liebsten aus dem Weg.

„Was hast du denn?", fragte er und nahm die Hand seiner Mutter. Sie war fast so heiß wie der Stein, den sie ihm im Winter abends ins Bett legte.

„Ich bin krank und kann nicht zur Arbeit gehen. Frau Adler weiß, was zu tun ist." Seine Mutter hustete nach jedem zweiten Wort.

Es half nichts. Günther musste zu Frau Adler gehen.

Er nahm seinen Wohnungsschlüssel und ging die Treppen hinab.

Auf sein Klingeln antwortete niemand. Was sollte er nur tun?

Er lief zu den anderen Wohnungen im Haus und schellte. Niemand außer ihnen war daheim.

Draußen erscholl ein Pfiff. Sein Freund Anselm wartete darauf, dass Günther mit ihm zur Schule ging. Rasch öffnete Günther die Haustür.

„Ich kann heute nicht mitgehen“, sagte er und bat Anselm, ihn beim Lehrer zu entschuldigen.

Er wusste, das würde Ärger geben, aber er konnte seine Mutter nicht allein lassen.

„Es ist niemand da!“, berichtete Günther seiner Mutter wenig später.

Die Mutter sah ihn mit matten Augen an. Günther wusste, was er zu tun hatte. Wenn seine Mutter ihn mit Essen gesund machen konnte, würde er eben seine Mutter auch mit Essen heilen.

Günther ging in die Küche und holte die Milchkanne aus der kleinen Vorratskammer.

Er stellte einen Topf auf den Herd und goss die Milch in den Topf.

Es war nicht leicht, den Gasherd anzuzünden.
Nach dem dritten Anlauf flackerten die kleinen, blauen Flämmchen gleichmäßig.

Er schaute in den Topf. Nichts tat sich. Sicher war die Hitze nicht stark genug. Er drehte an dem Knopf.
Die Flämmchen wurden größer. Jetzt war es richtig.

Während die Milch im Topf warm wurde, nahm Günther einen Teller und die Zwieback-Tüte aus dem Schrank.

Er teilte drei Zwiebäcke in Hälften und legte sie in den tiefen Teller. Wie schaffte seine Mutter das nur immer, dass die schön in der Vertiefung lagen?

Günther nahm eine Hälfte wieder heraus und zerbrach sie ein weiteres Mal. Die kleinen Stücke verteilte er neben die anderen Zwiebäcke.

Noch immer war nicht alles ordentlich in der Vertiefung. Wütend drückte er auf den Zwieback, der an der Seite überstand. Dadurch verrutschte alles und an der anderen Ecke schob sich ein Zwieback-Stück hoch.

Günther schnupperte. Was roch denn hier so komisch? Es zischte laut hinter ihm.

Günther drehte sich um und sah die Milchwelle, die über den Topfrand schwappte. Sie löschte die Gasflammen und schien nicht aufzuhören. Wie in dem Märchen vom süßen Brei, das seine Mutter ihm früher vorgelesen hatte.

Rasch hob er den Topf hoch. Es roch nach Gas und Verbranntem. Der Gasregler! Hektisch drehte er den Schalter auf Null. Inzwischen war die Milchwelle zurückgegangen.

Aber was war das? Statt weißer, schäumender Milch befand sich im Topf Milch mit braunen und schwarzen Schnipseln.

Günther hätte am liebsten geweint. Aber seine Mutter hustete im Schlafzimmer. Sie brauchte das Gesundwerd-Essen.

Mit einem Seufzer begann er, die schwarzen und braunen Schnipsel aus der heißen Milch zu fischen. Je länger das dauerte, umso kühler wurde die Milch.

Schließlich entschied Günther, dass seine Mutter die Schnipsel zwischen den Zwieback-Stücken nicht sehen würde. Er goss die Milch auf den Teller. Das sah fast so aus wie bei seiner Mutter.

Stolz trug er den Teller ins Schlafzimmer.

„Wenn du das isst, wirst du schnell wieder gesund“, sagte er.

Seine Mutter lachte, ehe sie wieder zu husten begann. „Mein kleiner Krankenpfleger“, lobte sie ihn.

Gespannt beobachtete er, ob die heiße Milch mit Zwieback wirkte. Fast kam es ihm vor, als verzöge seine Mutter bei jedem Löffel voll Zwieback und Milch das Gesicht. Aber das konnte auch Einbildung sein.

Als sie alles aufgegessen hatte, versprach sie: „Jetzt werde ich bestimmt schnell gesund.“ Und strich ihm über den Kopf.

Günter nahm den Teller und brachte ihn in die Küche. Er trank den Rest Milch aus und schüttelte sich. Die Milch schmeckte verbrannt. Wie sollte seine Mutter denn davon gesund werden?

Er war richtig erleichtert, als wenig später Frau Adler an der Tür klingelte und fragte: „Kann ich euch helfen? Ich habe gehört, dass jemand stark hustet.“

Eilig führte Günther die Nachbarin zu seiner Mutter ins Schlafzimmer. Fast war er froh, als die beiden Frauen ihm befahlen, sofort zur Schule zu laufen.

Lassen Sie erzählen:

* Welches Essen gab es in Ihrer Familie, wenn jemand krank war?

* Wie schmeckt Ihnen Zwieback am besten?
  - In heißer Milch?
  - In den Kaffee getunkt?
  - Mit Butter?
  - Mit Marmelade?
  - Mit Käse?

* Erinnern Sie sich an das Bild des Jungen auf der Zwieback-Tüte? Wie sah es aus?

* Welche Gerichte kennen Sie, für die man Zwieback benötigt?

Pfannkuchentage

Die letzten Tage im Monat waren für mich als Kind die schönsten. Wahre Festtage! Denn an diesen Tagen gab es mittags Milchsuppe mit Pfannkuchen.

Noch heute spüre ich den Geschmack des dünnen Weizenpfannkuchens. Keiner konnte solche dünnen Pfannkuchen backen wie meine Mutter. Sie buk und buk und schichtete die Pfannkuchen auf einen Teller.

Wenn sie fertig war, schnitt sie den Pfannkuchenberg wie eine Torte einmal in der Mitte durch. Die eine Hälfte teilte sie in zwei Dreiecke für Vater und sich, die andere Hälfte zerteilte sie in kleinere Dreiecke für Ursula, Bernd und mich.

Am ersten Tag der Pfannkuchentage achteten Bernd und Ursula noch darauf, dass die Stücke gleich groß waren.

„Lissy hat viel mehr als ich", nörgelte Bernd meist, „bloß, weil sie die Kleinste ist."

Es gab kaum einen Tag, an dem Mutter nicht Streit am Mittagstisch schlichten musste.

Je näher allerdings das Monatsende rückte, umso lässiger wurden sie. Selbst Bernd schob mir gelegentlich sein letztes Stück Pfannkuchen hinüber.

„Du musst schließlich groß und stark werden", erklärte er dabei gönnerhaft. Ursula flüsterte er sehr leise zu: „Hoffentlich gibt es bald wieder etwas Richtiges zu essen."

Am letzten oder vorletzten Tag des Monats baten meine Geschwister Mutter meist, mir das größte Dreieck zu geben.

Wenn die Pfannkuchentage sehr lange dauerten, landeten manchmal sogar zwei oder drei dünne

Pfannkuchendreiecke von Mutters Teller bei mir. Weihnachten oder Geburtstag hätten nicht schöner sein können.

Ab dem 20. eines Monats begann ich bereits, mich auf die Pfannkuchentage zu freuen. Irgendwann stellte ich fest, dass meine Festtage immer später begannen und immer kürzer waren.

Eines Tages riss ich das letzte Blatt vom Kalender ab und bemerkte, dass es keinen Pfannkuchentag gegeben hatte. Ich stellte meine Mutter zur Rede.

„Seit Papa die neue Arbeit hat, können wir uns jeden Tag richtiges Essen leisten“, erklärte sie mir.

„Pfannkuchen ist richtiges Essen“, empörte ich mich.

Meine Mutter lächelte nur.

„Für dich vielleicht, aber nicht für mich. Dafür muss man doch nicht kochen können.“

Das war mir so egal, ob Pfannkuchen leicht oder schwer zu backen waren. Ich wollte wieder Pfannkuchentage.

„Was hat das Essen denn mit Papas Arbeit zu tun?“, erkundigte ich mich vorsichtig.

„Na ja, früher hatten wir an den letzten Tagen im Monat oft kein Geld. Aber Milch, Eier und Mehl.

Deshalb gab es Pfannkuchen. Die kosten fast nichts", erläuterte meine Mutter mir. „Papa bekommt immer am letzten Tag des Monats Geld. Wenn keines mehr da war, konnten wir nichts mehr kaufen."

Mutter kniff mir mit einem Lächeln in die Wangen.

„Aber jetzt reicht das Geld bis zum Monatsende und ich kann euch leckeres Essen kochen."

„Heißt das, es gibt nie wieder Pfannkuchen?" Ich war entsetzt. Diese Vorstellung war furchtbar.

Mutter lachte.

„In der Fastenzeit mache ich wieder Pfannkuchen. Und an deinem Geburtstag, wenn du möchtest."

Bis zu meinem Geburtstag würden Monate vergehen und die Fastenzeit war gerade vorüber. Darauf konnte ich nicht warten.

Ich verzog mich unter die Treppe in mein Denkversteck und dachte nach.

Eine Stunde später hatte ich die rettende Idee. Ich schlich mich in das Schlafzimmer meiner Eltern, wo sie die Mappe mit dem Geld aufbewahrten. Ich nahm das Geld heraus und verschwand wieder unter der Treppe. Dort hatte ich ein Geheimversteck, in dem konnte ich das Geld aufbewahren bis nach den Pfannkuchentagen. Ich verstaute es in der Zigarrenschachtel, in der ich all meine Schätze aufhob. Den Rest des Tages freute ich mich auf die Pfannkuchen am kommenden Tag.

Am nächsten Morgen wurde ich davon wach, dass auf dem Flur große Aufregung herrschte.

Als ich die Augen öffnete, sah ich, dass meine Schwester Ursula unser gemeinsames Bett schon verlassen hatte. Schlaftrunken tappte ich in den Flur.

„Was ist denn los?“, fragte ich und rieb mir den Schlaf aus den Augen.

„Ein Einbrecher war hier!“, berichtete Ursula aufgeregt. „Er hat das Geld aus dem Elternschlafzimmer gestohlen!“

Ich sah auf den Boden. Da kam auch schon Mutter aus der Kammer. Tränen liefen ihr über die Wangen. Ich hatte sie noch nie so aufgelöst gesehen.

„Wir haben alles abgesucht, das Geld ist nicht da“, jammerte sie. „Wovon sollen wir denn nun leben?“

„Von Pfannkuchen“, schlug ich leise vor.

Mutter ging nicht darauf ein. Nun kam noch Vater hinzu.

„Herr Förster will heute die Miete haben“, murmelte er und war ganz weiß im Gesicht. So blass kannte ich ihn gar nicht. Was sie alle nur hatten?

Ich wollte mich gerade wieder ins Bett legen, da drehte Ursula sich zu mir um. Sie stellte sich direkt vor mich hin und stemmte ihre Hände in die Seiten.

„Elisabeth!", sagte sie und zog jeden Buchstaben in die Länge. „Hast du das Geld genommen?"

Mir wurde ein wenig mulmig. Wie kam Ursula darauf? Ich wusste genau, dass die ganze Familie unterwegs war, als ich das Geld versteckt hatte.

Mutter schaute mich streng an.

„Lissy, hast du das Geld genommen?", fragte sie. Ich hatte das Gefühl, sie könnte bis in meinen Kopf gucken.

Unter den Blicken meiner großen Schwester und meiner Mutter kamen mir die Tränen.

„Ich wollte doch nur Pfannkuchen", schluchzte ich. „Du hast gesagt, dass es keine Pfannkuchentage mehr gibt wegen dem blöden Geld."

Ich schob die Unterlippe vor, um zu zeigen, wie ernst es mir war. Da lachte Mutter auf einmal. Sie erklärte Vater, Ursula und Bernd, der herbeieilte, was ich getan hatte. Mir versprach sie, zukünftig einmal im Monat Pfannkuchen zu backen, selbst dann, wenn das Geld noch nicht aus war. Ich kroch unter die Treppe und brachte das Geld zurück.

Mittags gab es Pfannkuchen, auch wenn Bernd und Ursula das nicht richtig fanden.

Ich fand es herrlich und hoffte insgeheim, dass doch irgendwann wieder Geld fehlte und die Pfannkuchentage erneut Einzug halten würden.

Lassen Sie erzählen:

* Wie essen Sie Pfannkuchen am liebsten?
  - Wie in der Geschichte mit Milchsuppe?
  - Mit Rübenkraut oder Marmelade bestrichen?
  - Als Flädle in der Suppe?
  - Als Apfel- oder Pflaumenpfannkuchen mit Obst gebacken?
  - Mit Zimt und Zucker?
  - Als Crêpes, wie es sie heute oft auf dem Jahrmarkt gibt?
* Mögen Sie den Pfannkuchen lieber ganz dünn wie das Mädchen in der Geschichte oder dick und fest?
* Zu welchen Anlässen wurden bei Ihnen Pfannkuchen gegessen?
* Waren bei Ihnen die Tage am Monatsende auch Pfannkuchentage?
* Was wurde in Ihrer Familie gegessen, wenn das Geld knapp wurde?

Der Tauschhandel

Jedes Jahr im Juni gab es einen Jahrmarkt in dem kleinen Ort, in dem Johann mit seinen Eltern lebte.

In allen Straßen standen fremdartige Wagen.

Ein Autoselbstfahrer mit kleinen Autos, die auch Kinder steuern durften, wurde auf dem Marktplatz aufgebaut.

Daneben stand das Karussell mit den witzigen Tieren, auf denen man reiten konnte. Johann gefiel der Fuchs mit der Gans in der Schnauze besonders.

Der Duft nach gebrannten Mandeln zog mehrere Tage durch die Stadt.

Sobald im Frühjahr die ersten Blüten erwachten, erwachte auch Johanns Vorfreude auf den Jahrmarkt.

Anders als die anderen Kinder freute Johann sich nicht auf das Karussell oder die Schießbude.

Er sehnte den Tag herbei, an dem er wieder eine Dampfnudel essen durfte. Diese herrlichen Teigballen mit dem süßen Mus-Kern liebte er, seit er sie zum ersten Mal gegessen hatte.

Seine Mutter mochte keine Dampfnudeln, deshalb gab es sie zu Hause nicht. Sie hatte ihm jedoch versprochen, dass er jedes Jahr auf der Kirmes eine Dampfnudel essen durfte. Bisher hatte sie ihr Versprechen immer gehalten.

Auch in diesem Jahr freute Johann sich auf die Kirmes und seine Dampfnudel.

Noch im Mai sah es allerdings so aus, als würde sein Vergnügen ins Wasser fallen. Seine Mutter wurde krank.

Johann beobachtete, wie sein Vater dem Doktor viel Geld gab, um die Mutter wieder gesund zu machen.

Geld, das nicht mehr auf dem Jahrmarkt ausgegeben werden konnte.

Am ersten Jahrmarkttag war seine Mutter noch nicht wieder ganz gesund. Sie lag blass im Bett. Dennoch bat sie den Vater: „Geh mit Johann auf den Jahrmarkt, damit er seine Dampfnudel bekommt."

„Dann komm!", sagte der Vater und nahm Johann bei der Hand. Die beiden machten sich auf den Weg. Johann konnte sein Glück kaum fassen.

Aus den Autos des Selbstfahrers hörte Johann das Gejohle seiner Freunde. Am Schießstand traf er den Nachbarssohn und auf seinem Fuchs mit der Gans in der Schnauze saß Trudi, die in seine Schule ging.

Vor dem Stand mit den Dampfnudeln warteten schon drei Leute. Der Vater drückte Johann das Mark-Stück in die Hand und war sofort mit einem Nachbarn ins Gespräch vertieft.

Johann bemerkte, wie sein Appetit wuchs und wuchs.

„Eine Dampfnudel, bitte!", bestellte er endlich und legte das Mark-Stück auf die Theke. Die Frau in dem Dampfnudelwagen legte seine Dampfnudel in einen tiefen Teller, der mit roten Blumen verziert war. Sie tauchte die Schöpfkelle in den Topf mit der Vanillesoße und übergoss die Dampfnudel mit der hellen Flüssigkeit.

„Pass auf, dass dir der Teller nicht herunterfällt!", mahnte die Frau.

Johann strahlte sie an und nahm den Teller mit beiden Händen entgegen, während sich sein Vater weiter mit einem Nachbarn unterhielt.

Er suchte nach einem Tisch, um den Teller abzustellen. Sie waren alle viel zu hoch für ihn. Also behielt er das kostbare Gut in den Händen.

Um die Dampfnudel zu essen, musste er jedoch eine Hand lösen. Er griff mit der rechten Hand nach dem Löffel, den ihm die Frau hinter der Theke reichte.

Es war nicht leicht, daran zu kommen. Johann reckte sich, um den Löffel zu erreichen.

Johann spürte etwas Warmes auf seinem Sandalenfuß und sah hinunter.

Auf seinem Fuß lag seine Dampfnudel. Ehe er reagieren konnte, machte sich der Hund des Nachbarn über das wertvolle Essen her.

Stumm vor Schreck betrachtete Johann das Geschehen. Tränen stiegen ihm in die Augen. Ein Schluchzen schob sich nach oben und dann brach seine ganze

Verzweiflung aus ihm heraus. Er weinte und konnte nicht aufhören.

Sein Vater sah zuerst die Dampfnudel an und dann Johann. Er öffnete den Mund, um zu schimpfen. Als er die Verzweiflung seines Sohnes sah, schwieg er.

„Dann lass uns gehen!", sagte er nur und legte Johann eine Hand auf die Schulter.

Aber Johann konnte sich nicht bewegen. Als wäre mit dem Sturz der Dampfnudel alle Energie aus ihm gewichen, stand er nur da und weinte.

„Ich habe kein Geld mehr!", sagte Johanns Vater und sah seinen Sohn bedauernd an. Er suchte in seinen Taschen, förderte aber lediglich einen Bleistiftstummel zutage.

Johann sah, wie sein Vater den Mann vom Reibekuchenstand um einen Pappteller bat.

Der Vater drehte den Pappteller um und legte ihn auf den Stehtisch. Er betrachtete die Frau im Dampfnudelwagen und zeichnete in Windeseile mit seinem Bleistiftstummel ein naturgetreues Abbild von der Frau.

Dann hielt er ihr das Bild hin.

„Das ist das Einzige, womit ich zahlen könnte!", erklärte er.

Die Frau sah sich selbst auf dem Pappteller an.

„Das bin ja ich!“, rief sie.

Der Ausruf weckte die Neugier der Passanten. Einer nach dem anderen blieb stehen. Der erste fragte: „Können Sie mich auch zeichnen?“

Johanns Vater nickte. Der Reibekuchenverkäufer schenkte ihm drei weitere Pappteller.

Johann sah mit Staunen, wie sein Vater jeden Pappteller mit einem Gesicht versah und ihn gegen ein 50-Pfennig-Stück tauschte.

„Ich hätte gerne eine Dampfnudel für meinen Sohn!“, bestellte er schließlich und reichte der Frau an dem Stand zwei 50-Pfennig-Stücke.

Die Frau lachte. Sie gab Johann eine neue, besonders große Dampfnudel mit extra viel Vanillesoße und nahm nur eines der 50-Pfennig-Stücke.

Der Vater gab das übrige Geldstück weiter an den Reibekuchenmann. „Vielen Dank!“, sagte er.

Johann konnte nichts sagen. Er war so überwältigt, dass er die Dampfnudel kaum essen konnte.

Lassen Sie erzählen:

* Wie schmecken Ihnen Dampfnudeln? Was mögen Sie besonders und was nicht?
* Mit welcher Sauce kennen Sie Dampfnudeln?
  - Mit Vanillesoße?
  - Mit Pilzrahmsoße?
  - Mit Kraut oder Salat?
  - Mit Weinsoße?
  - Mit Birnen oder Pflaumen?
* Wo haben Sie Dampfnudeln kennengelernt?
* Was essen Sie am liebsten bei einem Jahrmarktbesuch?
* Und worauf haben Sie sich als Kind besonders gefreut, wenn Jahrmarkt war?
* Erinnern Sie sich noch an ein Karussell, mit dem Sie gefahren sind? Erzählen Sie doch mal, wie das war.
* Welche besonderen Bräuche und Speisen gab es zur Kirmes in Ihrer Stadt?
* Wer konnte in Ihrer Familie Dampfnudeln kochen?
* Haben Sie schon einmal Dampfnudeln zubereitet? Welche Zutaten haben Sie benötigt?

Ente mit Hindernissen

Angelika und Ernst hatten sich nach der Hochzeit in ihrer Wohnung eingerichtet. Nun wollten sie ihre Eltern zu einem Festschmaus einladen. Auch wenn noch nicht Weihnachten war, sollte es eine Ente mit Klößen und Rotkohl geben.

Gemeinsam gingen sie auf den Markt, um eine Ente und den Kohl zu kaufen. Der Rotkohl fand schnell Eingang in den Korb, der an Angelikas Arm baumelte. Schwerer war es, eine Ente zu finden.

„Das ist noch nicht die Zeit dafür!", beschied ihnen ein Händler nach dem anderen. „Am besten fragen Sie einen Jäger, ob er gerade eine Ente geschossen hat."

Schon als der Händler vom Schießen der Ente sprach, wurde Angelika flau im Magen. Sie hatte noch nie weiter darüber nachgedacht, woher die Enten kamen. In ihrer Familie stand Weihnachten eine Ente auf dem Tisch, die ihre Mutter zubereitet hatte. Fertig. Wie genau die Ente den Weg in die Küche fand, wusste sie nicht.

„Ich kenne einen Jäger", fiel Ernst ein.

Während Angelika nach Hause ging, besorgte Ernst die Ente. Wäre Angelika nur mitgefahren, dann hätte sie sich manche Unbill erspart.

Kurze Zeit später stand Ernst mit betrübtem Gesicht und einem in Zeitungspapier gewickelten Bündel in der Wohnungstür.

„Ich habe eine Ente", erklärte er und wickelte das Bündel aus.

Da lag eine weiß gefiederte Ente mit ausgestrecktem Kopf und starrte sie mit mattem Blick an.

„Die ist ja tot!", entfuhr es Angelika.

„Lebendig können wir sie kaum braten", entgegnete Ernst trocken.

„Aber was soll ich damit machen?“ Angelika starrte abwechselnd von der Ente zu Ernst.

„Die Federn ausrupfen, den Kopf abtrennen, ausnehmen, füllen“, antwortete Ernst.

„Iiich?“ Angelika war entsetzt. Sie wusste plötzlich nicht mehr, was sie gedacht hatte, als sie vorgeschlagen hatte zum ersten Besuch der Eltern und Schwiegereltern eine Ente zu braten.

„Ich könnte vielleicht den Kopf abtrennen und die Ente rupfen“, bot Ernst an. Er betrachtete das tote Federvieh auf dem Küchentisch nachdenklich. „Aber was danach kommt, weiß ich auch nicht genau.“

Angelika sah die Ente ratlos an: „Mutter hat die Ente immer mit einer Masse aus Äpfeln und Kastanien gefüllt.“

Ernst wiegte den Kopf hin und her: „Bei uns war so etwas Ähnliches wie Kartoffelbrei in dem Entenbauch. Aber wie das da hineingekommen ist, weiß ich nicht.“

Einträchtig stand das junge Paar um den Küchentisch und betrachtete die Ente.

„Kartoffelklöße kann ich gut“, meinte Angelika. „Und Rotkohl kochen habe ich auch gelernt. Vielleicht können wir auf die Ente verzichten.“ Ernst lachte.

„Ich weiß nicht, was mein Vater sagt, wenn es kein Fleisch gibt. Und was meine Mutter davon hält, dass du keine ordentliche Ente zusammenkriegst, wissen wir."

Angelika nickte. Ihre Schwiegermutter ließ keine Gelegenheit aus, um zu sticheln. Besonders hatten es ihr Angelikas fehlende Kochkünste angetan. Dabei hatte sie noch nicht ihre Kuchen probiert, von denen alle schwärmten. Sie hatte eine Idee.

„Können wir die Eltern nicht zu einer Kaffeetafel einladen?", fragte sie Ernst.

Ernst starrte noch einmal auf die Ente. „Ich glaube, das ist die beste Idee. Wir gehen zuerst zu meinen Eltern und essen Ente und später zu uns zum Kuchenessen." Er grinste und legte einen Arm um die Schultern seiner jungen Frau. „Und die Ente verpacken wir und schenken sie meiner Mutter."

Angelika lachte.

„Genau. Soll sie doch sehen, wie sie dem armen Tier den Kopf abhackt und die Federn ausreißt." Sie kuschelte sich an Ernst und kicherte. „Und weil die Ente ein Geschenk von uns ist, kann sie nicht anders, als uns zum Essen einzuladen. So kommen wir doch noch in den Genuss der Ente." Ernst nickte und schmunzelte. „Und die kann meine Mutter wirklich gut zubereiten. Der Rotkohl ist köstlich, die Klöße sind ein Gedicht und wenn ich ihr sage, dass mir die Ente bei deiner Mutter mit Äpfeln und Kastanien fast ein wenig besser geschmeckt hat als ihre, wird sie auch die Füllung ändern."

Am nächsten Sonntag waren Ernst, Angelika und Angelikas Eltern bei Ernsts Eltern zum Entenessen eingeladen. Anschließend begaben sie sich ins Nebenhaus, um im Wohnzimmer des jungen Paares Angelikas wunderbare Kuchen zu genießen.

Lassen Sie erzählen:

* Wie war das, als Sie zum ersten Mal Ente gegessen haben? Gab es einen besonderen Anlass dafür?
* Welche Beilage mögen Sie zur Ente am liebsten?
  - Rotkohl?
  - Maronen?
  - Kartoffelklöße?
  - Semmelknödel?
  - Reis?
  - Salzkartoffeln?
  - Pilze?
  - Fenchelgemüse?
* Haben Sie einmal eine Ente oder ein anderes Geflügel rupfen und ausnehmen müssen?
  - Wie war das?
  - Bei welchem Anlass?
  - Sind Sie mit Tieren aufgewachsen, die gegessen wurden? Welche Gefühle hatten Sie, wenn ein Tier geschlachtet wurde?
* Welchen Kuchen mögen Sie am liebsten? Und welchen backen Sie am liebsten?

Eine gute Grundlage

Zeit seines Lebens erinnerte sich Bernhard an den ersten Abend, an dem er einen über den Durst getrunken hatte. Er war vierzehn Jahre alt gewesen und damit der jüngste unter den Lehrlingen und Gesellen, die gemeinsam beim Schützenfest feierten.

Damals nahm man es mit dem Jugendschutz noch nicht so genau. Da bekam jeder sein Bier, egal wie alt er war. Bernhard hatte mehr als ein Bier bekommen.
Dabei hatte der Abend wunderbar begonnen.

Die Meisterin hatte ihnen zur Feier des Schützenfests eine besonders deftige Mahlzeit bereitet: Pellkartoffeln mit Hering.

„Dann habt ihr eine gute Grundlage", meinte sie mit einem Lächeln. „Das eine oder andere Bier werdet ihr euch heute doch sicher gönnen, oder?"

Die Jungen nickten, als hätten sie sich abgesprochen, und langten zu.

Reihum nahmen sie einen Hering von der Platte, Pellkartoffeln aus der Schüssel und Quark aus der Sauciere.

Pellkartoffeln mit Hering waren Bernhards Leibgericht. Da mochten die anderen noch so laut rufen, das sei ein Armeleuteessen. Er liebte es, wenn sich die leicht süßlichen Kartoffeln mit dem sauren Hering verbanden und der Quark seine besondere Note dazu gab. Auf die Apfelstückchen hätte er verzichten können, keinesfalls aber auf die Zwiebeln.

„Dann lasst es euch schmecken!", forderte die Meisterin sie auf und die Jungen aßen mit großem Appetit.

„Vergesst nicht, dass der Hering schwimmen will", meinte die Meisterin und stellte vor jeden von ihnen eine Flasche Bier.

Bernhard war überglücklich. Für ihn hätte der Abend hier enden können. Aber die anderen wollten unbedingt ins Schützenzelt, so ging er mit.

Im Zelt ließ Bernhard sich nicht lange bitten, als der Erste eine Runde ausgab. Bei der zweiten, dritten und vierten Runde hielt er tapfer mit.

Seine Runde war die fünfte.

„Die Runde geht auf mich!" Es war eher ein Lallen, das über seine Lippen kam. Aber mehr war auch nicht nötig. Jeder wusste, um was es ging, und unter großem Gejohle ließen die anderen ihn hochleben. Minuten später waren auch diese Gläser leer. Jeder hatte seine Runde gegeben.

Die Jungen wollten gerade gehen, da verkündete der Schützenkönig: „Ab sofort geht das Bier auf mich."

Das ließen sich die jungen Männer nicht zweimal sagen. Wann immer die hübsche Kellnerin mit dem wippenden Zopf vorbeikam, bestellten sie eine neue Runde.

Bernhard erzählte einen Witz, konnte aber am Ende selbst nicht mehr verstehen, was daran witzig sein sollte.

Merkwürdig auch, dass der Geselle plötzlich zweimal neben ihm stand. Irgendetwas ging hier nicht mit rechten Dingen zu.

„Ist euch nicht schlecht von dem, was ihr da so wegtrinkt?“, erkundigte sich die blonde Bedienung.

Bernhard fand, dass sie eine komische, lange Nase hatte, irgendwie sah die aus wie ein Pferdeschwanz. Es dauerte eine Weile, bis er bemerkte, dass sie sich umgedreht hatte und er ihren Zopf betrachtete.

Seine Zunge gehorchte ihm nicht mehr. Stattdessen schüttelte er seinen Kopf. Er sah noch, wie der Zopf der Kellnerin sich in Zeitlupe hin und her bewegte.

„Bernhard? Hallo, was ist mit dir?“, war das Erste, was er hörte, als er zu sich kam. Er lag in einer Wasserlache.

Sein Kollege Werner stand über ihn gebeugt mit einem Eimer in der Hand und schimpfte: „Mensch, sauf doch nicht so viel, wenn du nichts verträgst.“

Aber woher sollte Bernhard wissen, wie viel er vertrug? Er hatte vorher höchstens ein Bier zum Essen getrunken, mehr aber auch nicht. Nach diesem Abend wusste er, wann er aufhören musste. Er wusste auch, was zu viel Bier in seinem Kopf anrichtete. Nur seinem Magen, dem ging es wunderbar. Pellkartoffeln mit Hering waren wirklich eine gute Grundlage.

Seither verging kein Trinkgelage, an dem er nicht vorher Pellkartoffeln mit Hering aß.

Lassen Sie erzählen:

* Wie essen Sie Hering am liebsten?
* Welche Fischspeisen gehören zu Ihren Leibgerichten?
* Wann gab es in Ihrer Familie Pellkartoffeln?
* Wie war das, als Sie zum ersten Mal zu viel Alkohol getrunken haben?
* Was essen oder trinken Sie am liebsten vor einem feuchtfröhlichen Abend?
  Und was danach?
* Zu welchen Anlässen kam bei Ihnen zu Hause Bier auf den Tisch?

Ein unvergessenes Weihnachtsfest

Lilo war zwölf, als sie sich zum ersten Mal von ihrer Familie trennen musste.

Sie wurde mit ihrer Schulklasse nach Österreich geschickt. Dort sollten die Kinder Schutz finden vor den Bomben, die täglich über dem Ruhrgebiet abgeworfen wurden.

„Wart nur ab, bald wird alles gut“, rief die Mutter ihr nach, als sie in den Zug stieg.

Schon am ersten Abend in der Herberge wusste Lilo, dass nichts gut werden würde.

Mit Tränen in den Augen aß sie die Graupensuppe. Die Suppe mit den grauen Klümpchen kochte ihre Mutter niemals, weil Lilo und ihre Geschwister sie nicht mochten.

Der nächste Tag war ein Sonntag.

„Heute gibt es bestimmt etwas Besonderes zu essen“, freute sich Lilos Freundin Adelheid auf dem Rückweg vom Gottesdienst. „Sonntags bekommen wir immer eine Leckerei.“

Adelheid steckte Lilo mit ihrer Vorfreude an.

Umso größer war die Enttäuschung, als wieder Graupensuppe auf dem Speiseplan stand.

Der einzige Unterschied zum Vorabend war die Beilage: Sülze, die Lilos Brüder Glibberwurst nannten.

Lilo warf die Glibberwurst unauffällig unter den Tisch. Sie hoffte, dass Gott das nicht sah und der Herbergshund Sülze mochte.

Kein Tag verging, an dem Lilo nicht hungrig zu Bett ging. Eine Hassspeise nach der anderen wurde aufgetischt.

Als hätte die Köchin sich von jemandem diktieren lassen, was die Kinder nicht mochten.

Am Tag vor Weihnachten unterhielten sich die Kinder, was es wohl am Heiligen Abend zu essen geben würde.

„Vermutlich gibt es Fisch mit Kopf“, mutmaßte ein Junge und schüttelte sich.

„Nein, Weihnachten gibt es Ente mit Sachen im Bauch!“, widersprach ein Mädchen.

Lilo verspürte den Kloß im Hals, der sich bei jedem Essen bemerkbar machte.

Täglich hoffte sie auf die Nachricht, dass sie wieder nach Hause fahren konnten. Stattdessen gab es immer neue Meldungen über zerstörte Häuser.

In der Nacht vor Heiligabend träumte Lilo von Enten, aus deren Bauch Fischköpfe hervorlugten.

Als die Lehrerin sie weckte, zog sie die Decke über den Kopf. Am liebsten würde sie liegen bleiben und Weihnachten verschlafen.

„Lilo, aufstehen!“ Die Stimme der Lehrerin klang sanft wie selten. Ob sie ihre Traurigkeit durch die Bettdecke sehen konnte?

Vorsichtig schob Lilo die Decke beiseite. Frau Breuer lächelte sie an.

„Heute beginnt Weihnachten", sagte sie. „Wir werden zusammen singen und Geschenke gibt es auch." Sie beugte sich zu Lilo vor, als wollte sie ein Geheimnis verraten. „Und heute gibt es etwas Leckeres zu essen."

Lilo konnte das nach all den Tagen des grauenvollen Essens kaum glauben. Aber Frau Breuer wirkte so, als würde sie sich auch auf das Essen freuen.

„Was denn?", erkundigte sich Lilo.

Frau Breuers Lächeln wurde breiter.

„Etwas ganz Besonderes. Wenn du es nicht verrätst, gebe ich dir einen Tipp. Der eine Teil des Essens kommt aus der Erde und der andere stand vor Kurzem noch im Stall. Aber jetzt schnell, die anderen sind schon fast fertig."

Damit ließ die Lehrerin eine ratlose Lilo zurück. Kam nicht alles Gemüse aus der Erde? Und alle Tiere standen doch im Stall?

So sehr Lilo auch grübelte, ihr fiel nicht ein, was es zu essen geben könnte. Den ganzen Tag über dachte sie an das Lächeln der Lehrerin und das Rätsel. Darüber vergaß sie ihre Trauer.

Mit Feuereifer bastelte sie mit den anderen Kindern Sterne für den Weihnachtsbaum. Einen besonders schönen Stern schob sie in ihren Kittel. Den wollte sie Frau Breuer schenken.

Plötzlich war es so weit. Eine Glocke hallte durch das ganze Haus.

„Zieht eure schönsten Kleider an, wascht eure Hände und kommt in den Speisesaal", verlangte Frau Breuer.

Das ließ Lilo sich nicht zweimal sagen. Sie zog das Kleid mit der großen Schleife aus dem Koffer, das ihre Mutter ihr für Weihnachten mitgegeben hatte.

Eine kleine Figur fiel aus dem Kleid. Ein Engel mit einem Zettel in der Schrift ihrer Mutter.

„Frohe Weihnachten, meine Kleine", las Lilo. Ehe sie traurig werden konnte, trieb ihre Freundin Adelheid sie zur Eile an.

„Komm, der Fischkopf wartet!", scherzte sie.

Lilo lächelte.

„Ich glaube nicht, dass es einen Fisch mit Kopf gibt", meinte sie und zog schnell das gute Kleid über.

Als alle Kinder am Tisch saßen, hielt der Direktor eine Rede. Er lobte besonders die Köchin, die sich viel Mühe mit dem Weihnachtsessen gegeben hatte.

Alle sahen gespannt zur Durchreiche, in der immer die Schüsseln mit den Speisen standen. Auch jetzt standen dort Schüsseln, aber man konnte nicht erkennen, was sich darin befand.

Erst als Platten mit dampfenden Würstchen danebengestellt wurden, verstand Lilo das Rätsel. Sie suchte den Blick von Frau Breuer und strahlte.

Die Lehrerin zwinkerte ihr zu, als wüsste sie, dass Kartoffelsalat mit Würstchen Lilos Lieblingsessen war. Und nicht nur das. Es war das Weihnachtsessen in ihrer Familie!

„Ihr dürft so viele Würstchen essen, wie ihr könnt!", erklärte der Direktor. „Das ist ein Weihnachtsgeschenk der Bauern im Dorf."

Lilo saß da und sah den kleinen Engel in ihrer Hand an. Mit ihm war das gute Essen ins Heim gezogen. Vielleicht hatte der Engel auch noch Frieden im Gepäck, damit sie bald wieder nach Hause fahren konnte.

Lassen Sie erzählen:

* Welches Essen gab es an den Weihnachtstagen traditionell in Ihrer Familie?
* Wann gab es bei Ihnen Kartoffelsalat mit Würstchen?
* Wie bereiten Sie den Kartoffelsalat zu?
  - Warm oder kalt?
  - Mit Mayonnaise, mit Butter, mit Joghurt, Essig oder Brühe?
  - Mit Zwiebeln oder ohne?
  - Mit Gurken, Eiern oder anderen Zutaten?
* Wie wurde bei Ihnen Weihnachten gefeiert?
* Wie schmeckt Ihnen Graupensuppe?
* Und was halten Sie von Sülze oder anderer „Glibberwurst"?
* Wie alt waren Sie, als Sie zum ersten Mal ohne Ihre Eltern verreist sind?
  - Wohin ging die Reise?
  - Was war der Anlass?
  - Wer hat Sie begleitet?

Hasenbraten zur Konfirmation

Seit Beginn der Konfirmationsvorbereitung freute Christel sich auf ihr Fest und auf das Konfirmationsessen, das sie sich gewünscht hatte: Hacksteak mit Bratkartoffeln.

Ihr Vater zog jedes Mal die Stirn kraus, wenn die Sprache darauf kam, und erklärte: „Bei der Konfirmation meiner einzigen Tochter gibt es etwas Vernünftiges zu essen. Schorsch wartet auch schon auf das Fest."

Christel wusste, was ihr Vater damit sagen wollte.

Schorsch war ihr Stallhase. Er war vor Jahren in ihren Stall geraten, weil sie ihn vor der Osterpfanne gerettet hatte. Damals hatte ihr Vater zugesagt, dass sie den Hasen bis zur Konfirmation behalten durfte und er dann als Festbraten enden würde.

Inzwischen stand die Konfirmation kurz bevor und ihr Vater hatte seine Meinung um keinen Deut geändert.

Wann immer das Gespräch auf das Festessen kam, suchte Christel in ihrer Mutter eine Verbündete. Doch die hielt sich heraus, sagte nichts und lächelte nur.

Am Morgen der Konfirmation herrschte große Hektik. Christels Haarschleife gelang partout nicht und der Vater hatte seinen Manschettenknopf verloren.

Christel hatte keine Zeit, ihren Hasen wie jeden Morgen zu begrüßen. Sie nahm sich vor, ihm seine tägliche Möhre nach dem Gottesdienst zu bringen.

Kaum waren sie von der Kirche zurück, ging sie zum Stall, um ihren Hasen zu begrüßen.

Mit Entsetzen sah sie, dass der Stall leer war. Schluchzend rannte sie an ihren Eltern vorbei ins Haus.

„Was hat sie denn?", fragte der Vater und blickte ihr nach.

„Das solltest du doch am besten wissen", antwortete seine Frau und ging in die Küche.

„Weiber!", knurrte der Vater und schüttelte den Kopf.

Zum Glück klopfte es laut an der Haustür. Die ersten Gäste kamen.

Mit großem Hallo begrüßte er seine Schwiegereltern und die andere Gäste. Er führte sie in die gute Stube, in der ein festlich geschmückter Esstisch stand.

„Wo ist denn unser Ehrengast?", erkundigte sich sein Schwiegervater mit einem breiten Grinsen.

„Christel, deine Gäste sind da!", brüllte der Vater.

„Essen ist gleich fertig!", schallte die Stimme der Mutter aus der Küche.

In dem Moment klingelte es erneut an der Haustür.

Der Vater ließ seine Eltern ins Haus und rief seine Tochter ein weiteres Mal: „Christel, wenn du nicht sofort kommst, fällt die Konfirmation aus! Also mach, dass du herkommst!"

Mit verweintem Gesicht erschien Christel auf der Treppe.

„Das kann sie von mir aus", beschied sie ihrem Vater patzig und erntete entsetzte Blicke ihrer Großeltern.

„Papa hat Schorsch ermordet!“, erklärte sie mit zornigem Blick.

Der Großvater mütterlicherseits ließ sich davon nicht abschrecken.

„Wer sagt denn so etwas?“, wollte er wissen.

Ehe Christel antworten konnte, scheuchte ihre Mutter sie beiseite.

„Macht Platz, der Hase kommt.“

Christel schrie auf und rannte die Treppe wieder hinauf. Hinter sich hörte sie das Gelächter ihres Großvaters. Wie konnte er so gemein sein?

„Christel, nun komm endlich!“, erklang die Stimme ihrer Mutter im Treppenhaus.

Christel rang mit sich. Sollte sie den ganzen Tag im Zimmer bleiben und schmollen oder hinuntergehen?

Sie beschloss widerstrebend, sich zu den Gästen zu gesellen. Dann esse ich eben nur Bratkartoffeln, entschied sie. Ich gucke einfach weg, wenn die anderen Schorsch essen, redete sie sich ein.

Erwartungsvoll sahen die Gäste sie an, als sie die Wohnstube betrat.

Am Kopf des Tisches war ein Platz für sie geschmückt. Welche Mühe ihre Mutter sich gegeben hatte!

Christel wagte kaum, auf die Fleischplatte zu schauen, die mitten auf dem Tisch stand. Aus den Augenwinkeln sah sie den kleinen Fleischberg. Ihr Schorsch! Tränen traten ihr in die Augen.

Ihre Mutter begann, das Fleisch zu verteilen.

Ihr Vater konnte nicht warten, bis alle etwas hatten. Kaum lag das Fleisch auf seinem Tisch, stach er bereits mit seiner Gabel hinein.

„Weich ist es ja!“, sagte er, als hätte er etwas anderes erwartet.

Christel beobachtete, wie er die Gabel zum Mund führte. Sie wollte sich zwingen, wegzusehen, doch das gelang ihr nicht. Wie gefesselt folgte ihr Blick dem Fleisch.

„Das schmeckt gar nicht nach Hase!“, meinte ihr Vater, nachdem er den ersten Bissen gegessen hatte.

Christels Großvater lachte. Er kicherte fast. Wie Christel, wenn sie sich mit ihrer Freundin einen Spaß erlaubt hatte.

„Großvater!“, sagte Christels Mutter streng.

Doch der ließ sich nicht beirren.

„Nun lass doch endlich die Katze aus dem Sack“, bat er und kicherte schon wieder. „Den Hasen aus dem Sack, sollte ich wohl besser sagen.“

Christels Mutter sah zuerst den Großvater und dann ihren Mann an. Dann sagte sie: „Das ist kein echter, sondern ein falscher Hase." Sie streckte ihr Kinn trotzig vor. „Wir können dem Kind doch zu seinem Ehrenfest nicht den eigenen Hasen vorsetzen!"

Christels Vater blickte ungläubig von einem zum anderen: „Falscher Hase, was heißt das?"

„So nennt man einen Hackbraten, der mit Ei und allerlei anderen leckeren Dingen gefüllt ist", erklärte Christels Mutter.

Nun verstand auch Christel, was hier vor sich ging. Auf dem Tisch stand also doch das Hacksteak, das sie sich gewünscht hatte! Aber wo war denn nun Schorsch abgeblieben? Sie sah, wie der Großvater ihr zuzwinkerte und ihr ein Zeichen machte. Bei ihm war Schorsch sicher, das wusste sie.

Genussvoll schob sie sich eine Gabel mit einem Stück von dem Falschen Hasen in den Mund.

Lassen Sie erzählen:

* Was gab es bei Ihren wichtigen Festen zu essen? Was haben Sie gerne gegessen?
  - Zu Ihrer Kommunion?
  - Zu Ihrer Konfirmation?
  - Zu Ihrer Firmung?
  - Zu Ihrer Verlobung?
  - Zu Ihrer Hochzeit?
* Mögen Sie Hasenbraten? Wie sollte er zubereitet sein?
* Kennen Sie die Bezeichnung „Falscher Hase“? Haben Sie das Gericht schon selbst einmal zubereitet?
* Welches Wild haben Sie schon einmal gegessen?
* Besaß Ihre Familie einen Kaninchen- oder Hasenstall?
  - Wer kümmerte sich um die Tiere?
  - Welche Namen hatten die Tiere?
  - Wurden die Tiere selbst geschlachtet oder weggebracht zum Schlachten?

Essen wie im Fernsehen

Unsere Familie war die erste im ganzen Haus, die einen Fernseher besaß.

Um acht Uhr abends kamen Herr und Frau Becker von nebenan und schauten mit uns die „Tagesschau“. Und wenn „Was bin ich?“ mit Robert Lembke lief, mussten noch die Stühle aus der Küche ins Wohnzimmer geschafft werden, damit auch die anderen Hausbewohner Platz hatten.

Ich war von dem Fernsehprogramm fasziniert wie alle. Besonders gerne sah ich die Kochsendung mit Clemens Wilmenroth. Er hat in mir den Wunsch geweckt, Koch zu werden. Ich sah jede Sendung und schrieb mir auf, wie er die Speisen zubereitete. Wann immer meine Mutter mich ließ, probierte ich in unserer kleinen Küche die Rezepte aus.

Einen besonderen Erfolg erzielte ich mit einem besonderen Gericht, obwohl mir die eine oder andere Zutat fehlte.

Ich war 14, als ich die Sendung anschaute, in der Clemens Wilmenroth den Toast Hawaii kreierte.

Das Gericht schien mir leicht nachzumachen. Ich notierte mir: Kastenweißbrot, gekochten Schinken, Käse und Ananas.

Als meine Mutter für den 70. Geburtstag meines Großvaters ein Kastenweißbrot buk, sah ich meine große Chance. Ich überredete sie, mir einige Scheiben Weißbrot und die Küche zu überlassen.

„Ich muss ohnehin noch die Tischdecken und Servietten plätten“, stimmte Mutter überraschend bereitwillig zu. Sie verschwand aus ihrem Reich, wie sie die Küche immer nannte. Ich übernahm für eine Stunde die Herrschaft über dieses Reich und begann damit, den Kühlschrank zu überprüfen. Entsetzt sah ich, dass er weder gekochten noch rohen Schinken enthielt. Sonst war immer welcher da. Das war doch das Herzstück des Toasts.

Schon wollte ich mein Vorhaben aufgeben, da entdeckte ich die Mettwurst. Ich beschloss, das Rezept einfach etwas abzuändern.

Während ich die Brotscheiben in der großen Pfanne leicht anröstete, schnitt ich dünne Scheiben Mettwurst. Für jede Toastscheibe vier.

Die nächste Enttäuschung erwartete mich, als ich nach einer Dose mit Ananasscheiben in der Vorratskammer suchte. Damit, dass wir keine frische Ananas vorrätig hatten, hatte ich gerechnet. Dass nicht einmal eine Konservenbüchse mit Ananasstücken bereitstand, ließ mich fast verzweifeln.

In meiner Not entschied ich, die Ananas durch Scheiben von den frischen Pfirsichen aus der Obstschale zu ersetzen.

Es war keine leichte Aufgabe, die Pfirsiche zu entkernen und in Scheiben zu schneiden. Wenigstens Käse lag im Kühlschrank. Zwar nicht der geforderte Emmentaler, sondern Gouda. Aber das würde keiner merken, hoffte ich. Schließlich hatte niemand von uns den Fernsehtoast probiert.

Inzwischen waren die Toastscheiben in der Pfanne fast ein bisschen schwarz geworden. Aber das würde später niemand sehen.

Ich bestrich sie mit Butter, legte die Mettwurst- und Pfirsichscheiben darauf und verdeckte alles mit dem Käse. Drei Toastscheiben. Für meinen Vater, meine Mutter und mich.

Da stand ich nun in der Küche mit den hübsch angerichteten Broten.

Mit Entsetzen stellte ich fest, dass ich an alles gedacht hatte, nur nicht an den letzten, entscheidenden Schritt.

Ich konnte zwar die Kochstellen des Gasherds bedienen, aber nicht den Backofen. Wie sollte ich die Käsescheiben zum Schmelzen bringen?

Kurz dachte ich darüber nach, Mutter einzuweihen. Doch mein Ehrgeiz ließ das nicht zu.

Ich sah mich in der Küche um. Wenn die Pfanne dazu dienen konnte, die Scheiben zu rösten, half sie vielleicht auch, den Käse zu schmelzen.

Ich legte die drei Brotscheiben in die Pfanne und entzündete eine der Gasflammen. Von seinem Platz neben dem Herd nahm ich den Pfannendeckel. Ich deckte die Toastscheiben ab und zählte bis 30.

Dann hob ich den Deckel an und prüfte, ob der Käse verlaufen war. Das Brot roch ein wenig verbrannt, doch der Käse grinste nur glasig. Also legte ich den Deckel erneut auf die Pfanne, stellte die Gasflamme kleiner und zählte wieder bis 30.

Beim nächsten Anheben des Deckels hatte sich der Käse bereits bewegt. Er duftete sogar leicht. Ich schloss meinen Backofen wieder und zählte noch einmal bis 20.

Als ich den Deckel zum dritten Mal öffnete, sah der Toast genauso aus wie im Fernsehen.

Rasch stellte ich das Gas ab und verteilte die Toasts auf drei Teller.

Genau im richtigen Augenblick stand mein Vater in der Tür.

„Das riecht ja gut!", sagte er und war überrascht, als er mich in der Küche sah. „Was ist das denn?", wollte er wissen.

„Toast Hawaii wie im Fernsehen", antwortete ich stolz. „Und wir können auch sofort essen."

Ich rief meine Mutter und brachte die drei Teller mit Besteck ins Esszimmer.

„Das sieht ja aus wie beim Fernsehkoch!", kommentierte meine Mutter die Teller, als sie sich an den Tisch setzte.

Gespannt wartete ich darauf, dass meine Eltern den ersten Bissen nahmen.

Mir kam es vor, als schwiegen sie viel zu lange. Doch dann sagten beide wie aus einem Mund: „Das schmeckt aber gut!"

Erst jetzt konnte ich mein Werk auch probieren. Die Mettwurst mit dem Pfirsich schmeckte ungewohnt, aber sie schmeckte. Trotzdem nahm ich mir vor, irgendwann noch einmal das echte Rezept für den Toast Hawaii auszuprobieren.

Lassen Sie erzählen:

* Wann haben Sie zum ersten Mal einen Toast Hawaii gegessen? Oder sogar selbst zubereitet?

* Haben Sie die Kochsendung mit Clemens Wilmenroth jemals gesehen? An welche Rezepte erinnern Sie sich noch?
  - Arabisches Reiterfleisch?
  - Päpstliches Huhn?

* Wie essen Sie überbackenen Toast am liebsten?
  - Nur mit Käse?
  - Mit Käse und Schinken oder Wurst?
  - Mit Ananas?
  - Mit Fleisch?

* Heute wird der Toast Hawaii oft noch mit einer Cocktailkirsche verziert. Kennen Sie die? Bei welchen Gelegenheiten haben Sie sie gegessen?